Gebrauchsanweisung für Populisten

Heribert Prantl

Gebrauchsanweisung für Populisten

Wie man dem neuen Extremismus
das Wasser abgräbt

SALZBURG – MÜNCHEN

2. Auflage
© 2017 Ecowin Verlag bei Benevento Publishing,
eine Marke der Red Bull Media House GmbH,
Wals bei Salzburg

Medieninhaber, Verleger und Herausgeber:
Red Bull Media House GmbH
Oberst-Lepperdinger-Straße 11–15
5071 Wals bei Salzburg, Österreich

Satz: MEDIA DESIGN: RIZNER.AT
Printed in Slovakia

ISBN 978-3-7110-0130-6

Inhaltsverzeichnis

Einführung

[handwritten: 2017. Trump]

Das frühe 21. Jahrhundert: Zivilität und Aufklärung, hoch entwickelt, aber offenbar nur bedingt abwehrbereit, ringen überrumpelt mit ihren Verächtern. Diese Verächter führen das große Wort, das im Internet, via Facebook und Twitter noch viel größer gemacht wird, als es ist, und der 45. Präsident der Vereinigten Staaten geriert sich als ihr bellender Wortführer. Die Verfassung der Vereinigten Staaten hätte, könnte sie die Farbe wechseln, rot werden müssen vor Scham, als Donald Trump den Eid auf sie leistete. Schon sein Wahlkampf hat gezeigt, dass sie ihm nichts bedeutet. Er hat die Rechte der Minderheiten verhöhnt und die Religionsfreiheit missachtet. Er hat die Frauen verächtlich gemacht und seine politische Konkurrentin bedroht.

Der Glaube an die Stärke des Rechts, der sich in der sogenannten westlichen Welt seit 1945 entwickelt und diese leidlich zusammengehalten hat, wird angegriffen vom asozialen alten Glauben an das Recht des Stärkeren; der wiederum wird gespeist von neuen nationalen Egoismen und Egomanien. Die universalen Menschenrechte, niedergeschrieben in wunderbaren Pakten und gehütet

[handwritten: nieder ? o]

von wunderbaren Gerichtshöfen, verlieren an Bürgen, die bisher für ihre Verbindlichkeit einstanden. Der sogenannte Rechtspopulismus, eine niedliche, verharmlosende, unzulässig verallgemeinernde und daher falsche Bezeichnung für eine gefährliche Sache, ist eine Entbürgerungs- und Entbürgungsbewegung. Er ist eine Entrechtungsbewegung.

Wir leben in einer Zeit der negativen Renaissance, einer Zeit der Wiedergeburt von alten Wahnideen und Idiotien. Man liest nachdenklich die Worte, die Franz Grillparzer 1849 geschrieben hat: ›Von der Humanität durch Nationalität zur Bestialität‹. Und man ahnt und weiß, dass die Humanität wieder bedroht ist, massiv wie schon Jahrzehnte nicht mehr. Sie ist bedroht von gemeiner Rede und gemeiner Tat, von der Lust an politischer Grobheit, Flegelei und Unverschämtheit, von der Verhöhnung von Anstand und Diplomatie, sie ist bedroht von einer oft sehr rabiaten Missachtung des Respekts und der Achtung, die jedem Menschen zustehen, dem einheimischen Arbeitslosen, dem Flüchtling wie dem politischen Gegner.

In den Gesellschaften vieler Länder, in Europa wie in den USA, werden aggressive, verachtende und dummdreiste Reden geführt; in vielen Staaten haben Parteien Zulauf, die mit solchen Tönen werben. Warum haben sie Erfolg damit? Weil diese

Seit 1989?

Töne vom Auditorium auch als Protest gegen grassierende Missstände und als Indiz für Tatkraft gewertet werden, weil das Vertrauen in die herrschende Politik ge- und verschwunden ist. Die Sehnsucht nach einer Politik, die Hoffnung macht, auf eine gute Zukunft, auf Arbeit, Sicherheit und Heimat in einer globalisierten Welt, darauf also, dass die persönliche »future great again« wird – diese Hoffnung wird von der klassischen Politik zu wenig befriedigt. Weil es dort keine große Zukunftspolitik gibt, halten sich viele Wähler an sogenannte Populisten, an Großversprecher also, an solche, die Amerika, Großbritannien, Frankreich, Ungarn, Polen oder Österreich »great again« machen wollen.

Das Versprechen, diesen Wunsch zu erfüllen, muss nicht per se schlecht sein; es ist nichts Verwerfliches daran, Menschen Bedeutung und Ansehen zu verschaffen. Auch in schmuddeligen extremistischen Forderungen verbergen sich nicht nur niedere Triebe; die Forderungen gehen ein auf ein Bedürfnis, das man nicht verachten darf, auch wenn es sich in verunstalteter und hässlicher Form zeigt: Es ist das Bedürfnis, gehört, gesehen und beachtet zu werden. Genau darauf reagieren extremistische Agitatoren. Viele der Hetzer, die sich »besorgte Bürger« nennen, neiden den Flüchtlingen, dass diese vermeintlich viel mehr Aufmerksamkeit, Unterstützung und Sympathie bekommen als sie. Die Klage, die Migranten bekämen mehr und bessere Sozialleistungen, ist absolut falsch. Richtig ist aber dies: Es hat nie eine ähnliche Sympathie und Hilfsbereitschaft der Zivilgesellschaft für die Nöte der Hartz-IV-Bezieher und der Geringverdiener gegeben wie für die Flüchtlinge im Sommer und Herbst 2015. Hartz-IV-Bezieher und Geringverdiener erlebten und erleben seit Jahren, dass sich ihr Wunsch, die Unterstützung und Solidarität der Gesellschaft zu bekommen, nicht erfüllt. Stattdessen wurden mit Lust Faulheitsdebatten gegen sie geführt. Schon in den 1990er-Jahren begann eine wuchtige Kampagne, erst die Sprache, dann das Denken zu erobern: Sie begann damit, dass das soziale Netz als soziale Hängematte bezeichnet wurde und statt von Massenarbeitslosigkeit vom kollektiven Freizeitpark die Rede war; sodann wurde die Kürzung von Arbeitgeberbeiträgen zur Rentenversicherung als »Beitrag zur Generationengerechtigkeit« und eine schlechte Bezahlung als Beitrag zur Gesundung des Landes verkauft. Hartz-IV-Bezieher und Geringverdiener reagierten und reagieren mit Ressentiments und Eifersucht auf die Solidarität, die den Neuankömmlingen auf den Bahnhöfen zuteilwurde. Für den Umgang mit dem populistischen Extremismus bedeutet das: Diese Aversionen dürfen nicht dadurch vertieft werden, dass man die Zuwanderer und die einheimischen Globalisierungsverlierer in die Konkurrenz und ein destruktives Gegeneinander treibt.

Wann ist das »great again«-Versprechen schlecht? Wann ist es gefährlich? Wenn es sich mit der Erniedrigung von Menschen verbindet, oft sogar mit der Erniedrigung der Menschen, die den Erniedrigern zujubeln – die Erniedrigten aber glauben, sich ebenfalls über andere erheben zu können und den Freibrief zu haben, wiederum andere zu erniedrigen: Ihr Donald Trump, ihre Marine Le Pen, ihr Geert Wilders, ihr Matteo Salvini, ihr Harald Vilimsky, ihr Björn Höcke und ihr Alexander Gauland tun es ja auch. Das Mittel der Erniedrigung funktioniert, weil es gekoppelt ist an ein Grandiositätsversprechen; es ist dies die Übertragung des Trash-Show-Prinzips auf Politik und Gesellschaft. Die Teilnehmer der Trash-Shows nehmen ihre Erniedrigung in diesen Shows in Kauf, weil diese Erniedrigung sie groß zu machen verspricht.

Grandiosität ist dabei die Pervertierung des legitimen Wunsches nach Größe, Bedeutung, Aufmerksamkeit, Souveränität. Die Großversprecher, die mit Erniedrigung arbeiten, beginnen ihr Erniedrigungswerk mit der Abwertung und Verhöhnung aller bisherigen Politik; »das System« nennen sie es – und sie geben ihren Zujublern das Gefühl, gemeinsam an dessen Zerstörung zu arbeiten und damit vermeintlich an der Erlösung von persönlichen Problemen. Was sich so abspielt, ist nicht einfach Populismus, es ist populistischer Extremismus, eine modernisierte Version des alten Rechtsextremismus; er arbeitet mit den Mitteln der Ausgrenzung, mit sich steigernden Regelverletzungen, bei denen er sich mit dem Gestus des mutigen Tabubrechers inszeniert; in der Internetwelt ist dies besonders wirksam, weil die irrsten Attacken und die irrsten Ankündigungen die irrste Verbreitung finden.

Ein Aufruf zur analogen und digitalen Erhebung

Die Städte Pompeji, Herculaneum, Stabiae und Oplontis, am Golf von Neapel gelegen, sind 79 nach Christus beim Ausbruch des Vesuvs untergegangen. Viele Beschreibungen des sogenannten Rechtspopulismus tun so, als stünde so etwas nun im Weltmaßstab bevor. Die Beschreibungen des sogenannten Rechtspopulismus als global-eruptive Erscheinung ähneln der Schilderung eines Vulkanausbruchs. Man tut so, als sei ein Vesuv, als seien viele Vesuve ausgebrochen, als gieße sich nun Aggression wie Lava in die Gesellschaft und als regne es nun Hass wie glühende Asche. Das sind phlegmatische Beschreibungen, das ist politischer Fatalismus.

Der sogenannte Rechtspopulismus ist kein Naturereignis. Man kann sich nicht einfach nur vor ihm schützen, man kann und muss ihn gut und erfolgreich bekämpfen. Diese Schrift ist daher eine Schrift gegen Phlegma und Fatalismus. Sie ist ein Aufruf zu einer demokratischen, einer rechtsstaatlichen und sozialen Offensive. Sie ist ein Aufruf zu einer analogen und digitalen Erhebung gegen die Verächter von Zivilität, sie ist der Aufruf zu einem Sturm der Aufklärung. Sie ist ein Appell zu einer neuen Verve der Demokraten, weil nur begeistern kann, wer selbst begeistert ist. Sie ist eine Aufforderung zu demokratischer Zuspitzung und überzeugungskräftigem Auftreten.

Gebrauchsanweisung für Populisten: Die Schrift zeigt, wie der extremistische Populismus funktioniert, wie und womit er sich nährt und wie man ihm also die Nahrung entziehen kann. Gebrauchsanweisung für Populisten: Die Schrift zeigt, wie die Verteidiger von Demokratie und Rechtsstaatlichkeit mit ihm umgehen müssen, um ihn zu entschärfen. Diese Schrift ist ein Aufruf zu einer populistischen demokratischen Politik.

Populistisch-populär und demokratisch? Ist das nicht eine Contradictio in Adjecto, ist das nicht ein Widerspruch in sich? Nein. Nicht das Wort Populismus ist schlecht, nicht das Wort also, mit dem sich die sogenannten Rechtspopulisten schmückend tarnen und mit dem sie sich gern tarnen lassen; schlecht ist das, was sich unter dieser Tarnung verbirgt. Darunter verbirgt sich Extremismus – ein rassistischer Nationalismus, Xenophobie und Verfassungsverachtung.

Vom Populismus zum Extremismus

Nicht der Populismus macht die Gesellschaft kaputt, sondern der populistische Extremismus. Der Populismus ist nur eine Art und Weise, für Politik zu werben. Jeder gute Politiker muss auch Populist sein, weil er seine Ideen, seine Politik so darlegen, vortragen und vertreten muss, dass sie verstanden werden und begeistern können. Ein demokratischer Populist ist einer, der an Kopf und Herz appelliert; ein demokratischer Populist ist einer, der die Emotionen nicht den extremistischen Populisten überlässt. Ein demokratischer Populist verteidigt die Grundrechte und den Rechtsstaat gegen extremistische Verächter. Populistische Extremisten appellieren nicht an Herz und Verstand, sondern an niedrige Instinkte. Das ist der Unterschied.

Es gibt Leute, die bei allem Entsetzen über deren Politik den Demagogen wie Donald Trump attestieren, sie hätten Charisma. Trump und Co. täuschen Charisma vor. Was einigen Beobachtern als Charisma gilt, ist in Wirklichkeit der Drang und die Fähigkeit, so zu lügen, dass den Gesprächspartnern und dem Publikum die Spucke wegbleibt und sie zu glauben beginnen, hier gehe etwas Großes vor. Die Pseudo-Charismatiker sind in Wahrheit Schmierenkomödianten, sie sind Hochstapler.

Dem populistischen Extremismus hat es geholfen und hilft es immer noch, dass mit der Bezeichnung »Populismus« sehr frei- und großzügig umgegangen wurde und wird. Oskar Lafontaine, erst SPD dann Die Linke, galt als Populist, Peter Gauweiler von der CSU ebenso, Franz Josef Strauß seinerzeit ohnehin; Roland Koch, ehedem CDU-Ministerpräsident in Hessen, galt als Populist; CSU-Generalsekretäre gelten quasi als geborene Populisten; Gregor Gysi von den Linken ist das Etikett auch angeklebt worden. Eine volksnahe, dramatisierende und zugleich vereinfachende Politik wurde und wird immer gern als populistische Politik bezeichnet. Auch missliebige Kritik, mit der sich die herrschende Politik nicht befassen will, galt und gilt als populistisch. Kritik an der Euro-Rettungspolitik galt als populistisch. Kritik an den Verhandlungen zu den Freihandelsabkommen TTIP und Ceta galt als populistisch. Kritik am Bundeswehreinsatz in Afghanistan galt als populistisch. Das Wort Populismus wurde zudem dazu genutzt, um zusammenzubringen, was nicht zusammengehört, Rechte und Linke: Leute wie Marine Le Pen in Frankreich, Beppe Grillo in Italien, Boris Johnson in England, Frauke Petry in Deutschland; den Griechen Alexis Tsipras, den Bolivianer Evo Morales und den Venezolaner Hugo Chávez. Das Wort Populismus ist nun vom übermäßigen Gebrauch so überdehnt und ausgeleiert wie ein alter Gummiring; es ist selbst populistisch. Es taugt für fast nichts mehr; nur noch zur Verharmlosung der Demokratieverächter. Demokratie- und Verfassungsverachtung ist aber kein Populismus, sondern Extremismus.

Nie wieder. Schon wieder.

Wer Politik zum Theater macht, ist deswegen noch kein tadelnswerter Populist. Theater gehört zur Politik, seitdem es sie gibt. Das ist nicht gut, das ist nicht schlecht, das ist einfach so. Mit Mahnungen zu mehr vermeintlicher Seriosität wird man weder der Politik noch dem Theater gerecht. Es gibt, hier wie dort, schlechte Inszenierungen. Die Strickjacken-Politik von Helmut Kohl beim Umgang mit Gorbatschow war eine Inszenierung. Der Sprung des Umweltministers Klaus Töpfer in den Rhein im Jahr 1988 war auch eine. Und als der damalige bayerische Innenminister Alfred Dick mitten in der Tschernobyl-Katastrophe vor laufender Kamera hoch verstrahlte Molke gefuttert hat, war das auch eine Inszenierung; er wollte beweisen, dass das Zeug für Kinder zum Verzehr geeignet ist. Das war nicht populistisch, das war einfach katastrophal falsch. Das war ebenso verantwortungs- wie erfolglos. Manchmal haben Politiker mit verantwortungslosen Inszenierungen Erfolg; so wie Roland Koch (CDU), der 1999 in allen hessischen Fußgängerzonen Klapptische aufstellen ließ, auf denen man »gegen die doppelte Staatsbürgerschaft«, die Leute sagten »gegen Ausländer«, unterschreiben konnte; Koch gewann auf diese Weise die Landtagswahl und wurde Ministerpräsident. Das war eine Inszenierung am rechten Rand der Demokratie, mit populistischen Mitteln – schon sarrazinesk ein Jahrzehnt bevor das Buch des Thilo Sarrazin dann im Jahr 2010 in den Buchläden lag.

Auch der ist noch kein Populist, der sich der rustikalen eingängigen Rede bedient. Es wäre eine Wohltat, wenn der kalte, der durchökonomisierte Jargon aus den Statements und Debatten verschwände. Es ist dies kein Plädoyer für Deutschtümelei in der politischen Rede, sondern dafür, im Jahr des Reformationsjubiläums Luthers weisen Rat wiederzubeleben: »Man muss die Mutter im Hause, die Kinder auf der Gassen, den gemeinen Mann auf dem Markt drum fragen und denselbigen auf das Maul sehen, wie sie reden, und darnach dolmetschen; da verstehen sie es denn und merken, daß man deutsch mit ihnen redet.« Damit meinte der markige Reformator nicht, dass man sein Vokabular in der Gosse auflesen oder mit zotigen populistischen Kraftausdrücken daherkommen solle. Es ist die Empfehlung, eine im guten Sinn populäre, verständliche Sprache zu sprechen, die an den Verstand appelliert und auch das Herz erreicht. Eine fantasie- und visionslose Kosten-Nutzen-Sprache ist dazu genauso wenig imstande wie eine schulmeisterliche Expertensprache.

Die populistischen Extremisten finden derweil wieder Gefallen an der Sprache, die Victor Klemperer LTI nannte – Lingua Tertii Imperii. Klemperer zeigte, wie die beharrlich-stereotype Wiederholung von bestimmten Begriffen die Köpfe mit faschistischen Ideen besetzt. Zu den Lehren aus finsterer Zeit gehören in Deutschland darum die Wörter »Nie wieder«. Wer die hasserfüllte Sprache hört, mit der vom populistischen Extremismus die für den Staat verantwortlichen Personen als »Volksverräter« tituliert werden, der stellt besorgt fest: »Schon wieder«. Wer, wie dies die Extremisten tun, die Feinderklärung in die Demokratie trägt, wer dem Volk das »Anti-Volk« als Feind gegenüberstellt, wer behauptet, das Monopol der authentischen Repräsentation zu haben, wer für sich allein die Führerschaft beansprucht und sich anmaßt, die alleinige Stimme des Volkes zu sein, wer ein moralisches Monopol für sich beansprucht und damit Grundrechte und Grundwerte aushebeln will – der ist ein Feind der Demokratie. Man soll, man darf ihn nicht zum Populisten verharmlosen.

Die Sehnsucht nach Alexander-Politik

Je ungewisser die Zukunft ist, und je komplexer die politischen und gesellschaftlichen Situationen sind, umso ausgeprägter sind die Wünsche nach einer Führung, die die Komplexität dekonstruiert, die sich der Ungewissheit annimmt und sie beherrscht – oder jedenfalls so tut. Es ist die Sehnsucht nach Alexander-Politik, einer Politik nach dem Rezept Alexanders des Großen, der 333 vor Christus den Gordischen Knoten einfach mit dem Schwert durchschlug. Eine Sehnsucht nach Politik und Politikern, die so agieren, ist die Sehnsucht nach einem starken Mann oder einer starken Frau, die Sehnsucht danach, dass die Welt doch bitte weniger komplex und verknotet sein soll, als sie ist.

Anhängern der Alexander-Politik gilt der Kompromiss per se als Schwäche. Im Kompromiss sehen sie den Verrat durch jene, die sie »Volksverräter« schimpfen. Das knüpft an an die erste Hälfte des 20. Jahrhunderts. Deutschland war bis 1945 ein kompromissfeindliches Land; ein politischer Kompromiss galt als Verrat – als Verrat der Ideale, als Produkt ängstlichen Einknickens und als Ergebnis fehlenden Rückgrats. In der Sprache, manchmal auch im Denken, wirkt das bis heute nach; das Adjektiv »faul« gehört zum Kompromiss wie der Deckel zum Topf. Als gängigster politischer Kompromiss gilt daher immer noch der angeblich faule Kompromiss. Dementsprechend ist das Sprichwort zu verstehen: »Lass dich in keinen Kompromiss; du verlierst die Sach', das ist gewiss.« Der Kompromiss kompromittiert also, vermeintlich, per se. Das stimmt nicht. Eine parlamentarische Demokratie lässt sich mit solchem Rigorismus nicht bauen und nicht erhalten. Der Kompromiss ist in der parlamentarischen Demokratie die vernünftige Art des Interessenausgleichs und des Dissens-Managements; er lebt von der Achtung gegnerischer Positionen, vom Sinn für gesellschaftlichen Wandel, davon, dass man sich auf anderes einlässt. Er gehört zum Wesen der Demokratie.

In der grassierenden deutschen Kompromissfeindlichkeit stecken die Wertungen vergangener autokratischer Zeiten. Die demokratische Gesellschaft wird in Zukunft noch mehr als bisher lernen müssen, ihre Einstellung zum Kompromiss zu verändern – und auch zu den Politikern, die Kompromisse suchen und finden müssen. Immer öfter wird mit einer der klassischen, bisher üblichen Zweierkoalitionen (Rot-Grün, Schwarz-Gelb) keine Mehrheitsregierung gebildet werden können. Das eherne Gesetz der bundesdeutschen Demokratie – »Wenn gar nichts mehr geht, eine große Koalition geht immer« – gilt nicht mehr, weil die ehedem großen Parteien nicht mehr überall groß genug sind.

Das alles bedeutet: Die große Koalition, wie man sie in der Geschichte der Bundesrepublik kennt, ist Vergangenheit. Große Koalitionen heute haben die Tendenz, immer kleiner zu werden. Das liegt auch daran, dass bei SPD und CDU schon die

Ausgangspositionen, lang vor der Verhandlung über Koalitionskompromisse, zu nah beieinander waren. Es ging die Kenntlichkeit als Kontrahent verloren, der Wähler erkennt keine Alternative zwischen den jeweiligen Politiken – und sucht das, was er für eine Alternative hält. Die Stärke der AfD rührt auch aus der »Alternative«, die sie im Namen führt. Das heißt: Der Kompromiss darf bei der SPD und der CDU nicht so ins Parteiinnere verlegt werden, dass die Wähler die Partei nicht mehr erkennen. Die Schwäche der SPD von heute liegt auch daran, dass sie vorab so viele Kompromisse geschlossen hat, bis ihre Konturen verloren gegangen sind.

Die politischen Magnetfelder werden sich neu sortieren müssen. Einerseits werden die Parteien wieder deutlicher voneinander unterscheidbar werden müssen, andererseits und trotzdem müssen alte Abstoßungskräfte überwunden werden. Womöglich ist die deutsche Einheit erst dann vollendet, wenn es nicht nur eine rot-rot-grüne Koalition gibt, sondern dort oder anderswo auch einmal eine Koalition aus CDU und Linkspartei. Die neue Partei, die AfD, wird, bevor eine andere Partei auf sie zugehen und sie auf eine andere Partei zugehen kann, zeigen müssen, ob es ihr gelingt, die braunen Elemente abzustoßen und auf einem demokratischen Weg zu wandeln. 2017

Nicht der Politiker ist ein guter Politiker, der den anderen verteufelt, den Gegner einen Lügner nennt und ihm am liebsten an die Gurgel gehen würde. Und nicht diejenige Partei hat Problemlösungskompetenz, welche die simpelsten Lösungen anbietet. Starker-Mann-Politik ist keine demokratische Politik. Der russische Präsident Putin ist so ein starker Mann, der türkische Präsident Erdoğan auch, der US-Präsident Trump posiert als ein solcher. Ihre Stärke ist Kraftmeierei und besteht darin, die Rechte anderer zu missachten und andere Ansichten als feindliche Ansichten zu betrachten und zu verfolgen. Eine solche Politik zerhaut die Gesellschaft, missachtet die Individualität, die Unterschiedlichkeit und die Vielfalt der Interessen. Sie erhebt die eigenen Interessen, Vorstellungen und Ansprüche zum Ideal, die man mit Schwertstreichen durchsetzt. Probleme moderner Gesellschaften löst man aber nicht mit einem Streich. Stärke in einer Demokratie sieht anders aus: Demokratie ist nicht das Zerhauen von Knoten, sondern ein mitunter sehr mühseliges Aufdröseln, ein langes, beharrliches, gemeinsames Zupfen und Ziehen. Das ist mühselig; aber am Ende sind die Schnürsenkel noch ganz – und brauchbar.

In Deutschland stand kompromisslose Politik sehr lange sehr hoch im Kurs. Das Luther'sche

Diktum »Hier stehe ich, ich kann nicht anders« wurde zu einem politischen Alltagsmotto: Man stand immer, und man konnte nie anders. Die vermeintliche heilige Sturheit klang noch nach in der TINA-Politik der Kanzlerin Angela Merkel: »There is no alternative!« Es gibt keine Alternative? Die Gründung der AfD, der Alternative für Deutschland, war eine Antwort auf die angeblich alternativlose Euro-Politik der Kanzlerin. Die behauptete Alternativlosigkeit war die Nachfolgerin der alten Kompromisslosigkeit. Die alte Kompromisslosigkeit: Im Deutschland des Kaiserreichs und der Weimarer Republik (vom Nazi-Reich muss man gar nicht erst reden) war der Kompromiss eine Sache für Schwächlinge – für schwache Menschen, ohnmächtige Staaten, kleine Länder. Der Kompromiss galt als »undeutsch«. »Deutsch« dagegen war die unbedingte Entschlossenheit, die absolute Prinzipienfestigkeit, das Entweder-oder, das Denken in Schwarz oder Weiß, das Handeln in Sieg oder Niederlage. Charakter zeigte sich angeblich in Überzeugungstreue; und besonders deutsch war diese Überzeugungstreue, wenn sie unbeirrbar war und unnachgiebig und sich auf keine Kompromisse einließ, koste es, was es wolle. Die einsame Entscheidung, der Befehl eines starken Mannes galten mehr als das Ringen im Parlament. Carl Schmitt hat das so proklamiert: »Das Beste in der Welt ist ein Befehl.« Als sich bei den Nationalsozialisten die Macht und die Kompromisslosigkeit mit der Brutalität und der Bestialität verbanden, kostete das viele Millionen Menschen das Leben. Es gab, nicht erst bei den Nazis, einen vermeintlichen Heroismus der Kompromisslosigkeit, der Härte, der Durchsetzungsmacht.

Eine solche Sicht auf die Politik bewundert Autokraten, sie verachtet Diskussion als Gerede und das Parlament als Schwatzbude. 1919 hat ausgerechnet Kurt Tucholsky ein Couplet, ein Spottgedicht gegen den Kompromiss geschrieben – in der *Weltbühne* vom 13. März 1919: »Freundlich schaun die Schwarzen und die Roten, / die sich früher feindlich oft bedrohten. / Jeder wartet, wer zuerst es wagt, / bis der eine zu dem andern sagt: / ›Schließen wir nen kleinen Kompromiß! / Davon hat man keine Kümmernis. / Einerseits – und andrerseits – / so ein Ding hat manchen Reiz … / Sein Erfolg in Deutschland ist gewiß: / Schließen wir nen kleinen Kompromiß!‹ // Rechts wird ganz wie früher lang gefackelt, / links kommt Papa Ebert angewackelt. / Wasch den Pelz, doch mach mich bloß nicht naß! / Und man sagt: ›Du, Ebert, weißt du was: / Schließen wir nen kleinen Kompromiß! / Davon hat man keine Kümmernis (…).«

Tucholskys Lied wider den Kompromiss ist ein Blick in den Spiegel des Zeitgeistes. In der Tat hat *Die Weltbühne* nicht nur gegen die Rechtsradikalen, sondern auch gegen die Sozialdemokraten heftig agitiert. Die Kritik war aber nicht destruktiv, sondern der verzweifelte Versuch, der Weimarer Republik Konstruktivität zu lehren. Es erging Tucholsky wie dem Missionar, der immer lauter und schärfer predigt, weil seine Mission so wenig Früchte trägt. Er befürchtete, dass die Demokratie beim händeschüttelnden Kompromiss mit ihren Gegnern in den Abgrund gezogen wird. Diese Gefahr muss man sehen.

Kompromiss heißt immer, dass man etwas abgibt. Es ist ein Unterschied, ob man das von denen verlangt, die Bildung, Geld und Einfluss haben – oder von denen, die das in geringem Maß oder gar nicht haben. Es ist ein Unterschied, ob man kompromisslos seine Privilegien oder kompromisslos sein Existenzminimum verteidigt. Wer vom Überfluss abgeben soll, kann sich Kompromisse besser leisten als derjenige, der vom Mangel noch abgeben soll. Dass das nicht beachtet wurde, ist das Odium, das der Agenda 2010 des Kanzlers Gerhard Schröder bis heute anhängt und der SPD bis heute nachhängt.

Ein gutes Dreivierteljahrhundert nach Weimar gilt: Der Kompromiss ist nicht per se etwas Lächerliches; er ist nicht Indiz für die moralische Verworfenheit eines Staates; er ist aber auch nicht per se gut. Die Güte einer Politik zeigt sich nicht in der Größe echter oder vermeintlicher Ideale ihrer Politiker, sondern in der Qualität ihrer Kompromisse. »Ideale können uns etwas Wichtiges darüber sagen, was wir gern wären. Kompromisse aber verraten uns, wer wir sind«, schreibt der israelische Philosoph Avishai Margalit. Wer sind »wir«? Eine bunte, plurale, lebendige, spannungsgeladene und ausgleichsbedürftige Gesellschaft.

Was ist ein guter Kompromiss? Erstens: Er ist immer Ergebnis eines Ringens; er ist also nicht vorauseilender Gehorsam, er ist nicht der bequemere Weg. Zweitens: Kompromiss braucht die Transparenz der Entscheidung und die Kenntlichkeit der Positionen der Handelnden, sonst hinterlässt er das Gefühl, dass »die da oben alle unter einer Decke stecken«. Drittens: Es gibt einen absolut kompromissfesten Kern, der im demokratischen Rechtsstaat durch die Grundrechte beschrieben wird. Viertens: Kompromisse zulasten der Schwachen und der Schwächsten sind keine guten Kompromisse. Fünftens: Kompromisse müssen Kompromisse sein, nicht Diktate. Es gehört zum Kompromiss, dass auch einmal Kröten geschluckt werden müssen; es dürfen aber keine giftigen Kröten sein. Das Spottlied Kurt Tucholskys aus dem Jahr 1919 endet mit dem Reim: »Und durch Deutschland geht ein tiefer Riß. / Dafür gibt es keinen Kompromiß!« Ein solcher Riss ist das Ergebnis einer Politik, die gegnerische Positionen nicht achtet. Der gute Kompromiss verhindert den Riss.

Die schwarze Null und die braune Kloake

Ein tiefer Riss allerdings ist in den vergangenen Jahrzehnten sowohl in Europa als auch in den USA nicht verhindert worden. Die globale Ungleichheit zwischen Reich und Arm nimmt obszöne Ausmaße an, daran haben die Sozialisten Italiens, Spaniens, Frankreichs, Griechenlands und Ungarns nichts geändert, auch nicht Obamas Demokraten und Großbritanniens New Labour, noch Deutschlands Sozialdemokratie; im Gegenteil: Sie waren alle selbstbewusste Akteure oder willige Unterstützer der Politik der Deregulierung und des Sozialabbaus. Der französische Soziologe Didier Eribon hat am Beispiel seiner eigenen Familie beschrieben, wie sich die Arbeiterklasse deswegen vom Sozialismus abgewandt hat und nach rechts gerückt ist. Viele Wähler Orbáns, Le Pens, Hofers und Petrys haben früher sozialdemokratisch gewählt, andere hatten irgendwann aufgehört, wählen zu gehen.

In der Empörung über Trumps großmäuliges Versprechen, er werde der größte Job-Producer sein, den Gott je erschaffen habe, kommen viele gar nicht dazu, sich darüber zu empören, dass die Spardiktate der Europäischen Kommission, der EZB und des Internationalen Währungsfonds (IWF) der größte europäische Jobvernichter waren. Sie sind nicht von Gott, sondern vom deutschen Finanzminister Schäuble als treibender Kraft erschaffen worden; und sie werden noch immer aufrechterhalten, mittlerweile selbst gegen den Widerstand des IWF. Die Sozialdemokratie hat sich nicht mit Protest hervorgetan, sondern mit braver Assistenz bei der Malträtierung Südeuropas, speziell Griechenlands. Deutschland stört sich weiterhin nicht an der internationalen Kritik an seiner Exportfixierung, die die europäischen Nachbarn aus dem Gleichgewicht bringt; Deutschland lässt sich nicht beirren darin, die schwarze Null als wichtigstes finanzpolitisches Ziel hochzuhalten.

Auf einer Zeichnung des Karikaturisten Klaus Stuttmann vom 15. Januar 2017 sieht man zwei Schüler an einer ramponierten Toilettenanlage vorbeigehen, vor einem WC liegt eine abgerissene schwarze Klobrille. »Da«, sagt der eine zum anderen, »Schäubles schwarze Null!« Das ist bissig, aber nicht falsch. Die schwarze Null ist das Loch, durch welche das Vertrauen in Europa und seine Demo-kratie gefallen ist; unten angekommen, mischt sich das mit der Kloake. Die Beschwörung der schwarzen Null und der schwäbischen Hausfrau als Vorbild der Volkswirtschaft ist nicht weniger populistisch als Trumps Investitionsversprechen, mit dem er bei seinen Wählern getrumpft hat. Investitionen in Infrastruktur, in Universitäten und Schulen, in den Ausbau der Pflege von alten Menschen und in die Grundsicherung von Kindern sind nicht populistisch, sondern vernünftig. Wenn sie nicht mit Fremdenhass, Frauenverspottung und Bildungsverachtung kombiniert werden, sind sie gut gegen Armut, Demokratiefrust und Extremismus.

Die Verführung zur Selbstentwürdigung

Es gibt, zumal bei der politischen Linken, eine populäre Erklärung für den populistischen Extremismus: Es handele sich um eine Revolte der ökonomisch Abgehängten gegen die Eliten, denen »man es zeigen will«. Diese Erklärung bleibt aber auf halber Strecke stehen. Sie tut so, als wäre »die Elite« eine hermetisch abgeschlossene Gruppe, die jetzt entsetzt ist über den vermeintlichen Pöbel. Viele Hauptvertreter des populistischen Rechtsextremismus – von Trump bis Gauland – sind jedoch Vertreter der reichen oder gebildeten Oberschicht, sie vertreten die Interessen der Industrie und des Neoliberalismus. Trumps Wählerschaft rekrutiert sich zwar zum großen Teil aus frustrierten Wählern, die sich nur unzureichend durch die aktuelle Politik vertreten fühlen; dabei handelt es sich im Besonderen um ältere weiße Männer. Allerdings kamen seine Befürworter auch aus anderen Segmenten. Die Unkultur der Verachtung, die diese Parteien in der Gesellschaft etablieren, bedient auch die Interessen eines Teils der Besitzenden, die ihren Besitz bedroht sehen.

Der Soziologe Wilhelm Heitmeyer hat schon vor Jahren darauf hingewiesen, dass sich eine »rohe Bürgerlichkeit« breitmache und die Bessergestellten dabei seien, einen »Klassenkampf von oben« anzuzetteln. Der Soziologe und Philosoph Zygmunt Bauman hat herausgearbeitet, dass die spätkapitalistische Globalisierung in allen Gesellschaften Überflüssige generiert, er nennt sie »menschlichen Abfall«. Ähnlich wie er schrieb Papst Franziskus: »Es geht nicht mehr einfach um das Phänomen der Ausbeutung und der Unterdrückung, sondern um etwas Neues: Mit der Ausschließung ist die Zugehörigkeit zu der Gesellschaft, in der man lebt, an ihrer Wurzel getroffen, denn durch sie befindet man sich nicht in der Unterschicht, am Rande oder gehört zu den Machtlosen, sondern man steht draußen. Die Ausgeschlossenen sind nicht ›Ausgebeutete‹, sondern Müll, ›Abfall‹.« Unter der Erfahrung oder auch unter der Bedrohung, zu solchem Abfall zu werden, fällt dieser Mensch vom Glauben an Demokratie und Rechtsstaat ab, nicht nur der Habenichts, sondern auch der Habewas – und er wird vom populistischen Extremismus aufgefangen. Zynisch ist dabei, dass der populistische Extremismus diese Abgefallenen zu Menschen nach seinem Bild neu erschafft, zu Fratzen des Hasses und zu Wesen, die aufhören, sich wie Subjekte zu verhalten. Der populistische Extremismus ist eine Methode, Menschen zur Selbstentwürdigung und Entpolitisierung zu verführen. Auch wenn sie dann kurzfristig »Denkzettel« verpassen, machen sie sich selbst letztlich zu Leuten, mit denen demokratische Politik anscheinend nicht mehr zu machen ist. Auch hier erkennt man die bereits beschriebenen Wesensmerkmale des populistischen Extremismus: Erniedrigung und Abwertung.

Erniedrigung, Verachtung und Abwertung sind keine spontanen Reaktionen und Gefühle von »besorgten Bürgern«. Sie sind nicht neu, und sie haben sich bereits vor der Finanz- und Flüchtlingskrise als gesellschaftlich akzeptiertes Verhalten etabliert. Sie sind von der herrschenden Politik über Jahre hin propagiert und akzeptiert worden als angemessene Sozialform im Umgang mit Armen und Exkludierten. Konsens wurde so eine Haltung wie folgt: Wer aus der Gesellschaft fällt, hat selbst Schuld. Arme sind faul. Wiedereingliederung geschieht über autoritäre Disziplinierung (der Euphemismus lautet: Fordern und Fördern). Die deutschen Hartz-Gesetze waren und sind Ausdruck und Beschleuniger dieses Wandels im gesellschaftlichen Konsens. Sie sind mittlerweile oben wie unten in der Gesellschaft mentalitätsprägend – und zwar, durch die Griechenlandkrise befeuert, europaweit.

Populistisch vereinfachend und zu Scheinlösungen verleitend ist daher die Erklärung der Gegner von Trump und Co., dass der populistische Extremismus sich vor allem durch Fake-News an die Macht bringe. Das ist Selbsttäuschung, weil dieser Erklärungsversuch den Blick von den eigenen inneren gesellschaftlichen und demokratischen Defiziten weglenkt und auf diffuse fremde Mächte von außen weist, die den Trumps und Konsorten angeblich Auftrieb geben. Auftrieb bekommt in der Aufregung über Fake-News das allgemeine Misstrauen der Bürger gegen alles. Glenn Greenwald, der journalistische Aufklärer an der Seite Edward Snowdens, entlarvte das Narrativ von der russischen Bedrohung. Es ging um die Berichte über russische Hacker-Angriffe auf die USA, die sich mehrmals als erfunden herausstellten, und um die angeblichen russischen Angriffe auf das amerikanische Stromnetz. Während die Nachrichten darüber laut, elektrisierend und angstschürend waren, blieben die Dementis leise. Es wird hier eine giftige Saat gelegt: Wenn die Menschen so dazu gebracht werden, dass alles in Zweifel zu ziehen ist, weil Lüge und Wahrheit nicht zu unterscheiden sind, treibt sie das zur Verzweiflung und zu denen, die die einfachen, binären Wahrheiten versprechen.

Überaufmerksamkeit verschafft Überbedeutung

Politik, so heißt es beim Soziologen Max Weber, ist das Bohren harter Bretter. Demokratischer Populismus ist das Trommeln auf diesen Brettern; dieses Trommeln ist nicht schlecht; es kann das Bohren vorbereiten. Bei seiner Trommelei muss der demokratische Populist freilich aufpassen, dass er nicht in einen rechtsradikalen Rhythmus verfällt, der nachahmt, was der rechte Extremismus vorgetrommelt hat – etwa dann, wenn es gegen Flüchtlinge geht. Der extremistische Populismus belässt es nicht beim Trommeln auf harten Brettern. Er wirft mit den harten Brettern, er wirft sie gegen Minderheiten, er nagelt sie vor die Köpfe sogenannter »Wutbürger«, er erschlägt damit Grundrechte und Grundwerte, er drischt damit auf »das System« ein, auf die Demokratie, auf den Rechtsstaat, auf die Gewaltenteilung und den politischen Gegner, den er zum Feind erklärt und ihm mit Verhaftung und Gefängnis droht. Was soll der demokratische Populismus dagegen tun? Er muss die Bretter zu einem Bumerang machen, der zu den Werfern zurückkehrt und sie selbst trifft. Damit beginnt die Wehrhaftigkeit der Demokratie.

Die Qualitätsmedien sollten nicht so tun, als seien die Angriffe auf Minderheiten Events, über die es wie über Sportereignisse und Popkonzerte zu berichten gilt. In Donald Trumps Wahlkampf hat sich gezeigt, dass der mediale und digitale Tanz, der um seine Tabubrüche aufgeführt wurde, dem Tabubrecher letztendlich geholfen hat – weite Teile des Journalismus haben sich vom geilen Geist des Ressentiments verführen und als Verstärker instrumentalisieren lassen. Auch das gilt es bei der Gebrauchsanweisung zu bedenken: Überaufmerksamkeit verschafft Überbedeutung.

In Deutschland klagt und lamentiert die AfD über vieles, aber über Eines nicht: über fehlende Aufmerksamkeit. Darüber kann sie auch nicht klagen, weil die Beachtung, die ihr und ihrem Gewese geschenkt wird, spektakulär ist. Es kann der AfD eigentlich egal sein, ob ihre Vertreter ins Fernsehen oder sonst wohin eingeladen werden oder nicht: Wenn sie nicht eingeladen werden, findet das mindestens die Beachtung, die auch die Einladung gefunden hätte. Die Debatte über Einladung, Ausladung oder Nichteinladung (die AfD nutzt diese Instrumente bei eigenen Veranstaltungen auf provozierende Weise) wird so innig geführt, dass sich die Partei Öffentlichkeitsarbeit sparen kann. Der Minderheitenschutz, gegen den sich die AfD in ihrer Politik aggressiv stellt, wird ihr selbst auf diese Weise in fürsorglichem Maß zuteil. Dabei ist es gewiss nicht falsch, diese Partei genau zu beobachten. Es ist aber schädlich, sie so unter die Vergrößerungsoptik zu legen, dass von Unsinn nur noch das Wortelement »-sinn« zu sehen ist. Genau das passiert, wenn jede Unseriosität von Pegidisten und AfDlern durch eine seriöse Debatte geadelt wird. Genau das passiert, wenn dann Provokationen so sorgfältig interpretiert werden, als handele es sich um einen ausgearbeiteten Gesetzesvorschlag. Ausgearbeitete Gesetzesvorschläge in der parlamentarischen Arbeit der AfD in den Landtagen gibt es kaum. Aber das fällt angesichts des Getöses, das es um die AfD gibt, kaum auf.

Alljährlich Ende Januar finden seit drei Jahrzehnten an der katholischen Akademie in Stuttgart-Hohenheim die »Tage zum Ausländerrecht« statt, die jetzt »Tage zum Migrationsrecht« heißen. Dorthin kommen Ministerialbeamte aus Bund und Ländern, die sich mit Ausländer- und Flüchtlingsrecht befassen, dorthin kommen Rechtsanwälte, die sich auf dieses Rechtsgebiet spezialisiert haben, dorthin kommen die Leute von den Wohlfahrtsverbänden, die mit Flüchtlingen arbeiten. In den Diskussionen des Jahres 2017 haben Teilnehmer die Medien händeringend gebeten, doch nicht nur über die Flüchtlingsfeindlichkeiten der AfD zu berichten, sondern auch über die Hilfsbereitschaft und die Anstrengungen der Zivilgesellschaft, die es nach wie vor gibt – und so etwas dafür zu tun, dass die Stimme der Humanität hörbar bleibt in diesem Land. Das war auch eine Anregung, kurz einmal Zahlen zu vergleichen: Die AfD zählt derzeit 26 000 Mitglieder. Pro Asyl, eine große von zahlreichen Flüchtlingsorganisationen, hat fast genauso viele – nämlich 23 000.

Der AfD ergeht es derzeit aber noch besser als dem Igel im Wettlauf mit dem Hasen: Sie ist überall

»allhier«: Wenn die CSU ein Integrationsgesetz schreibt, wenn der CSU-Vorsitzende Horst Seehofer ständig mit der CDU-Vorsitzenden Angela Merkel über Asylpolitik streitet, wenn die SPD darüber nachdenkt, dass sie sozialer werden muss, und Gregor Gysi seine Linke beschimpft, weil ihr die Verve fehle – stets ist die AfD das Referenzobjekt, auf das man sich zumindest insgeheim bezieht. Das ist zu viel der Ehre für eine Partei, die wenig Anderes vorweisen kann als politisches Aufheizen und das Reden in den Metaphern unseliger Zeiten.

Gefühlt allpräsent ist der populistische Extremismus doch eine provinzielle Erscheinung. Bei der Landtagswahl in Mecklenburg-Vorpommern 2016 zeigte sich, dass die Gemeinsamkeiten zwischen der deutschen Provinz und der Provence nicht bei den touristischen und landschaftlichen Schönheiten enden; sie setzen sich in der politischen Landschaft fort: Die Provence ist die Hochburg des Front National. Mecklenburg-Vorpommern ist Hochburg der deutschen Rechtsaußen-Parteien; jeder vierte Wähler wählt dort Rechtsaußen. Diese Wähler haben mit Erfolg dafür gesorgt, dass die Provinz zur Notiz genommen wird, dass sie beachtet, dass sie zum Thema wird. Nach dem Motto »Besser negative Aufmerksamkeit als gar keine« hat die Mehrheit der Wähler in der österreichischen Provinz ihr Kreuz bei Hofer gemacht, die Mehrheit der Wähler in den ländlichen Gegenden der USA bei Trump. Und siehe da: Plötzlich hört man, dass »Unsere kleine Farm« gar keine Idylle mehr ist; plötzlich liest man, dass »Die Waltons« heutzutage bei ihrem Nachtgespräch von den Kindern erzählen, die in die Drogensucht abgleiten.

Die Entheimatung der Heimat

Die Welt muss heimatlicher werden, um dem Extremismus zu wehren. Zur Gebrauchsanweisung für den Umgang mit Populisten gehört daher, ihren Wunsch nach Heimat zu respektieren. Der Wunsch, eine Heimat zu haben, ist kein brauner Wunsch, er ist schlicht ein menschlicher. Heimat besteht nicht in Blut und Boden. Heimat ist Urvertrauen – das Urvertrauen, sicher und geborgen zu sein, nachbarschaftlich aufgehoben zu sein. Heimat ist das Bewusstsein, dass man seinen Platz, seine Aufgabe und seine Geschichte hat. Die Welt zur Heimat machen, das fängt in Kleinkleckersdorf an. Es fängt damit an, dass es dort eine Poststelle, einen Bäcker und Ärzte gibt und ein Krankenhaus in erreichbarer Nähe. Die kleinen Orte veröden, zugleich veröden die Zentren mancher Großstädte. Zwischen den

Städten und entlang der Autobahnen sind hässliche Gewerbeflächen, Malls und Logistikzentren entstanden, die die Landschaft unkenntlich machen. Das ist die Entheimatung der Heimat.

In der Offensive gegen den populistischen Extremismus spielen daher die Bürgermeister, die Stadt- und Landräte eine wichtige Rolle. Eine kluge Lokalpolitik lockt nicht einfach nur Investoren in den Ort; sie stärkt die Grundversorgung, den sozialen Zusammenhalt und die gewachsenen Traditionen ihrer Bürger und ihre Offenheit für die, die neu kommen. Die hoch verschuldeten Kommunen zum Beispiel im Ruhrgebiet, die sich aus eigener Kraft nicht mehr vom finanziellen Knebel befreien können, müssen mit kreativen politischen Lösungen entschuldet werden. Gerade in diesen Städten leben ja besonders viele Kinder und Zuwanderer in prekärer wirtschaftlicher Lage, die nicht nur alimentiert, sondern gefördert werden müssen. Man muss heute vielen Bürgermeistern und Stadträten Respekt zollen für ihr Engagement und ihre Unverdrossenheit Anfeindungen gegenüber; und man wünscht sich, dass diese Bürgermeister und Stadträte nicht den Mut zu einer Politik der Integration und Verständigung verlieren in Zeiten, in denen einige von ihnen dafür mit Hassmails und Bedrohungen überzogen werden.

Das Wort demografischer Wandel, das für einen großen Teil der Probleme in der Provinz steht, ist so geläufig geworden, dass es kein Fremdwort mehr ist: Die Bevölkerung in Deutschland schrumpft. Die aktuelle hohe Zuwanderung hat nur eingeschränkte Effekte auf die langfristige Bevölkerungsentwicklung. Bis 2060 wird die Einwohnerzahl deutlich zurückgehen: bei schwächerer Zuwanderung auf 67,6 Millionen; bei stärkerer Zuwanderung auf 73,1 Millionen. Das ist so, als ob die Bevölkerung von Hamburg, Berlin, München und Frankfurt verschwindet – nur: Sie verschwindet nicht in Hamburg und Berlin, sie schrumpft im Osten der Bundesrepublik, im Saarland und in den ehemaligen westdeutschen Zonenrandgebieten. Sachsen-Anhalt minus 18,5 Prozent. Plus 8,3 Prozent in Oberbayern, aber das ist die große Ausnahme. Der deutschen Provinz wird dabei seit Jahren übel mitgespielt, nicht nur von der Bundeswehr, die so viele Garnisonsstandorte geschlossen hat. Post, Telekom und Bahn haben sich radikal aus der Fläche zurückgezogen, kaum dass sie privatisiert waren. Schulen wurden und werden ausgedünnt, zusammengelegt oder geschlossen. Und auch bei den Sparkassen gibt es ein großes Filialschließen; es muss gespart werden – und manchmal sägt man dann aus Spargründen den Ast ab, auf dem man sitzt. Es gibt einprägsame Slogans, die den Sparkassen nicht gefallen können; einer der einprägsamsten lautet: »Ein Alter ohne Schalter«.

Vielerorts verrotten die Ortskerne. Die Dörfer, die Klein- und auch noch die Mittelstädte sehen aus wie ein Donut, also wie dieser amerikanische ringförmige Krapfen – ein abgeflachter Teigballen, der in der Mitte ein Loch hat. Diese Donut-Orte, es gibt Hunderte, es gibt Tausende in Deutschland, sind innen hohl. Entweder sie sind voll schlechter, alter Bausubstanz; oder aber sie sind wie Puppenstübchen aufpoliert worden, aber dennoch ohne Leben, weil die Ladenmieten dort aufgrund der Refinanzierung der Sanierungskosten für alte Ladengeschäfte unerschwinglich geworden sind – und daher Allerwelts-Tinnef-Läden und Ketten dort eingezogen sind, die die früheren Geschäfte für den täglichen Bedarf verdrängt haben. So entsteht das Loch im Zentrum so vieler Dörfer, Märkte und Städte. Aber außen herum wachsen, gut finanziert von den Sparkassen, die Eigenheimsiedlungen immer weiter.

Viktor Orbán, das sei an dieser Stelle angemerkt, hat sich den Wunsch der vielen ungarischen Häuslebauer nach Heimat für seine Rechtsrechtsaußenpolitik zunutze gemacht. Als die billig aufgenommenen Fremdwährungskredite reihenweise platzten und die Häuslebauer ihre Zinsen nicht mehr bedienen konnten, inszenierte Orbán sich als Retter und bewahrte die Menschen vor Zwangsversteigerung ihres Zuhauses und vor wirtschaftlichem Ruin. Das tat er mit einer Art Zwangsumtauschgesetz für die internationalen Gläubiger. Die Ungarn, denen er damit ihr kleines Heim gerettet hatte, fragten nicht viel nach dem internationalen Vertrauensverlust und nach den nationalistischen Ingredienzien seiner aggressiv populistischen Politik.

Landlust heißt zwar eine der erfolgreichsten Zeitschriften an den Kiosken. Aber die Landlust gibt es in erster Linie dort und bei der Nachfrage nach Omas Apfelkuchenrezept und der Landfrauenküche. Ansonsten existiert eher der Landfrust. Viele Bürgermeister führen bizarre Kämpfe um schnelle Datenleitungen, die in einer hoch entwickelten Industriegesellschaft eigentlich überall längst selbstverständlich sein sollten. Landfrust: In den veröceten Ortskernen kämpfen die verbliebenen kleinen Einzelhändler am verkaufsoffenen Sonntag mithilfe von Eventagenturen, die Trallafitti organisieren, um Kunden. Landfrust: Es gibt die Ansicht, es sei ohnehin schon alles zu spät. Man könne seit dreißig Jahren riechen, was kommen wird – aber man bereite sich nicht oder zu wenig auf die neuen Zeiten vor; es sei also dreißig Jahre nach zwölf.

Es gibt in Teilen Deutschlands so etwas wie eine provinzielle Depression. Aber man muss sich ihr nicht ausliefern. Ja, der Einwohnerrückgang und die Veränderung der Altersstruktur haben Auswirkungen auf die Infrastruktur; dabei darf aber nicht vornehmlich der Abbau die Zielsetzung sein, sondern der Umbau. Öffentliche Verkehrsanbindungen müssen funktionieren, Schulen müssen zu neuen Mittelpunkten des Miteinander-und-Voneinander-Lernens umgestaltet werden. Medizinische Betreuung und Pflege müssen neu konzipiert und ausgebaut werden. Der Kampf gegen den populistischen Rechtsextremismus ist auch ein Kampf gegen die provinzielle Depression.

In der Mitte der Dörfer, Märkte und Städte dürfen keine Löcher sein. Man könnte zum Beispiel den alten Gedanken des Austragshäusls wieder aufnehmen und ihn für den Ortskern nutzbar machen: Unter Auszugshaus, Austragshaus oder Ausziehhaus verstand man früher ein auf einem Bauernhof errichtetes kleineres Gebäude, das für die Altbauern, Altenteiler hießen sie auch, errichtet wurde und nach der Übergabe des Hofes an die Erben den Alten als Wohnstätte diente. Was bedeutet es, wenn man sich diesen Gedanken nutzbar macht? Heute stehen die Altensiedlungen und die Altenheime an den Ortsrändern, sie sind verkehrstechnisch meist schlecht angebunden. Es wäre sehr viel besser, die alten Menschen in die Ortsmitte zu holen, dorthin, wo die Kirche, das Rathaus und die Sparkassen-Filiale steht und wo in der zugesperrten ehemaligen Schlecker-Filiale ein neuer Dorf- und Tante-Emma-Laden mit Waren für den täglichen Bedarf und mit regionalen Produkten aufgemacht hat. Die Ortskerne in Dörfern, Klein- und Mittelstädten müssen wiederbelebt werden. Die Menschen brauchen eine wohnungsnahe Rundumversorgung.

Regionalentwicklung ist nichts Abstraktes, sondern sehr konkret. Es geht dabei weniger um die Beschilderung von Wanderwegen oder darum, dass die Marktplätze alle zehn Jahre andersherum gepflastert werden. Es geht vor allem darum, wie man junge Menschen zum Bleiben oder, noch besser, zur Rückkehr bewegt. Die Entvölkerung ländlicher Räume ist kein Naturgesetz. Sie ist eine Folge dessen, dass Arbeit und Leben dort nicht oder viel zu wenig vereinbar sind. Zur Zukunft des ländlichen Raums kann auch die Gründung von Sozialgenossenschaften gehören, die Gründung von betreuten Alten-Wohngemeinschaften, von Wohngemeinschaften für demente Menschen oder Projekten des gemeinsamen Wohnens von Alt und Jung. Wenn der alte Generationen-Sozialverbund nicht mehr hält, weil immer mehr Junge in die Großstädte ziehen, dann müssen neue Formen des Sich-Kümmerns um die Alten und dabei Arbeits- und Entfaltungsmöglichkeiten für die Jungen erfunden werden. Man kann gemeinschaftliche Wohnformen für alte Menschen fördern. Und es ist auch gar nichts dagegen zu sagen, wenn in neuen Formen gemeinschaftlichen Wohnens für Städter, die aus der Stadt hinauswollen, die dörfliche Idylle wiederaufersteht. Das klingt provinziell, das ist provinziell; aber auch das ist Arbeit gegen den provinziell-populistischen Rechtsextremismus. Provinziell muss die Welt werden, dann wird sie menschlich, hat Oskar Maria Graf einst geschrieben. Er meinte: heimatlich.

Leitfiguren und Unpersonen

Man sollte meinen, dass eine Partei, die in der Provinz Erfolg hat, ein populäres Gesicht haben muss, das Gesicht eines Orbáns oder eines Trumps, die sich als Retter gerieren. Bemerkenswert ist daher, dass in Deutschland die AfD ohne eine echte Spitzenfigur reüssiert. Warum? Man hat immer gewusst, dass es in der Bundesrepublik fremden-feindliche Einstellungen bei bis zu zwanzig Prozent der Bevölkerung gibt – so wie in anderen EU-Ländern auch, in denen sich Rechtsaußen-Parteien längst etabliert haben. In Deutschland glaubte man aber lange, dass dieser sogenannte Bodensatz ohne charismatische Führungsfigur nicht aktiviert werden kann. *Die* Leitperson, Le Pen in Frankreich oder Orbán in Ungarn, wird in Deutschland durch den zur Unperson erklärten »Flüchtling« ersetzt. Diese Unperson ist die Leitfigur der AfD geworden; sie hat das Flüchtlingsthema zur Generalmobilisierung genutzt. Im Westen der Republik ist diese AfD sehr rechts- und nationalliberal, man findet dort auch die Federn vom abgebrochenen rechten Flügel der CDU; im Osten der Republik ist die AfD radikaler, ja extremistisch, ist sie völkisch und rassistisch; sie ist dort eine revitalisierte NPD und zeigt ausgeprägte Verachtung für demokratische Regeln und Umgangsformen. Die NPD saß vor fünfzig Jahren, in ihren erfolgreichsten Zeiten, in sieben Landtagen; die AfD hat sie da schon weit überflügelt. Bedrohlich für eine liberal-aufgeklärte Gesellschaft ist die AfD nicht nur wegen der Wahlerfolge, sondern weil mit ihr der gesellschaftliche und politische Diskurs nach scharf rechts verschoben wird.

Die AfD gilt als ein Sammelbecken für rechtskonservative, rechtsradikale und rechtsextreme Kräfte. Man findet in der AfD die Mixtur aus Ethnoregionalismus, Rechtskonservativismus und Rechtsradikalismus, wie sie alle sogenannten rechtspopulistischen Parteien in Europa zusammenrühren. In der AfD ist das Mischungsverhältnis noch nicht ganz klar, dafür ist die Partei zu jung, die Mixtur ändert sich. Was heute Rechtskonservativismus mit rechtsradikalen Anteilen ist, kann sich morgen in Rechtsextremismus mit konservativen Anteilen verwandeln. Beispiele dafür gibt es in Europa genug.

Die AfD besteht derzeit eigentlich aus zwei Parteien: Die eine Partei ist eine sehr konservative, nationalbürgerliche Kümmerer-Partei, in der auch Aufwallung, Zorn und kleinbürgerlicher Aufstand Platz finden; diese Partei wird zusehends schwächer. Die andere Partei – sie wird zusehends stärker – ist ein völkischer Kampfverband, explizit fremdenfeindlich, nahe beim französischen Front National. Frauke Petry wird der Partei eins, also einem eher neu definierten Konservativismus zugerechnet; die derzeitigen Vizevorsitzenden Alexander Gauland und Beatrix von Storch zusammen mit dem thüringischen Landeschef Björn Höcke werden zu einer völkischen AfD gezählt. Höcke gefällt sich in Auftritten, die auch NPD-Anhänger begeistern können, und redet ganz unverhohlen rassistisch-völkisch daher. Gauland bemäntelt seine eigene Radikalität mit soignierter Gediegenheit; er zeigt sich auch gern mit dem wirtschaftsliberalen Jörg Meuthen, dem Co-Vorsitzenden der AfD und Fraktionschef im Stuttgarter Landtag. Meuthen gilt als das freundlich-bürgerliche Gesicht der AfD, ähnlich dem des gegen den Grünen-Politiker Alexander van der Bellen gescheiterten FPÖ-Präsidentschafts-kandidaten Norbert Hofer in Österreich. Frauke Petry gibt sich aber zusehends radikaler und völki-scher – offenbar um dem Schicksal zu entgehen, das ihr Vorgänger Bernd Lucke gefunden hat.

Wenn Luckes Schicksal auch Petry träfe, wäre sie das Opfer der von ihr selbst gerufenen Geister: Anfang Juli 2015 auf dem Parteitag von Essen hatte sie den AfD-Mitbegründer Bernd Lucke vom Par-teivorsitz verdrängt, weil der ihr nicht rechts genug war. Daraufhin verließen 2 000 Mitglieder die AfD, unter ihnen Lucke selbst – sowie in Hans-Olaf Hen-kel und Joachim Starbatty weitere Protagonisten des liberalen Flügels der Partei. Diese gründeten sodann eine neue, aber erfolglose Partei unter dem Namen Alfa, Allianz für Fortschritt und Aufbruch. Die AfD hingegen erzielte bei den Landtagswahlen 2016 zweistellige Erfolge. Die Partei, die mit Bernd

Lucke als bürgerliche Anti-Euro-Partei angetreten war, hat sich unter Petry zur Anti-Flüchtlingspartei entwickelt – und ist dann durch scharf-antiislamische Töne aufgefallen. Offenbar will die AfD angesichts der stark zurückgegangenen Flüchtlingszahlen das Feindbild Flüchtlinge durch ein Feindbild Islam ergänzen. Die christlichen Kirchen sind der Verketzerung der islamischen Religion als grundgesetzfeindliche politische Ideologie scharf entgegengetreten. Der Kölner Kardinal Rainer Maria Woelki erklärte: »Wer Ja zu Kirchtürmen sagt, der muss auch Ja zu Minaretten sagen.« Er warf der AfD vor, »eine der großen Weltreligionen in gehässiger Absicht an den Pranger« zu stellen. Die ökumenischen und interreligiösen Netzwerke der Kirchen sind älter und fester als die Spinnfäden zwischen den populistisch-patriotisch-extremistischen Bewegungen zur Verteidigung des Abendlandes. Die Ökumene und die Begegnungen zwischen Vertretern der Religionen sind mittlerweile mehr als Trampelpfade im Dschungel. Sie sind, auch wenn sie oft anstrengend sind, ausgebaute verlässliche Wege; die Religionen halten das Gespräch aufrecht. Die Kirchen sollten mit diesem Pfund, das sie haben, wuchern, und Orte der offenen Begegnung bleiben. In Zeiten, in denen viele Menschen mit religiöser Prägung in säkular gewordene europäische Gesellschaften einwandern, haben gerade die Kirchengemeinden vor Ort integrierende Kraft, die sie nutzen müssen. Islamfeindlichkeit hat in den christlichen Gemeinden kaum noch Platz. Das ist der Tatsache zu verdanken, dass Kirchengemeinden und Muslime ins Gespräch gekommen und im Gespräch geblieben sind – statt die Antagonismen zu pflegen. Die Angst vor dem Verlust der »christlichen Werte« ist ja hierzulande paradoxerweise gerade in jenen Milieus ausgeprägt, die von ebendiesen Werten sonst wenig wissen wollen – während viele praktizierende Christen den interreligiösen Dialog suchen und fördern.

Die von Thilo Sarrazin im Jahr 2010 freigesetzte Islamfeindlichkeit hat in der AfD ihre Partei gefunden: Thilo Sarrazin, Sozialdemokrat und damals noch Mitglied des Vorstands der Deutschen Bundesbank, hatte ein Buch veröffentlicht, das mehr Furore machte als die Memoiren der deutschen Kanzler zusammengenommen: *Deutschland schafft sich ab: Wie wir unser Land aufs Spiel setzen.* Es war und ist dies ein Buch, dessen Wirkungen für den rechtsextremen Populismus kaum überschätzt werden können. Es hat diesem den Boden bereitet. Sarrazin suggerierte darin, die Integration der Muslime sei nicht nur gescheitert, sondern, auch wegen deren angeblich genetisch bedingter Dummheit, gar nicht wünschenswert. Er befriedigte damit eine den Medien eigene Lust am Skandal, an Desaster und Katastrophe; er benutzte mit ein paar provozierenden Sätzen die Medien, und die Medien benutzten ihn; beide taten das zur Auflagensteigerung. *Bild* und *Der Spiegel* brachten das Buch im Vorabdruck.

Sarrazin hatte sein Manuskript mit vergiftetem Toner gedruckt. Und jede Talkshow leckte daran und prüfte, ob und wie das schmeckt: Prüfen wird man ja noch dürfen. Und dann hieß es: Nun ja, ganz so giftig sei das Buch ja nicht, da stünde ja auch Bedenkenswertes drin. Die Sarrazin-Debatte zeigte vor allem die Verführbarkeit der Medien, dazu die Furchtsamkeit der Politik und ein etwas klägliches Selbstbewusstsein der Integrationsgesellschaft. Sarrazin, der sich bei seinen Auftritten gern beklagte, in Deutschland könne man seine Meinung nicht mehr frei sagen, bekam rasenden Beifall, zumal von denen, die schon immer gegen Ausländer in Deutschland polemisiert haben – und dazu die Einladung, Ehrenvorstand der NPD zu werden (die AfD gab es damals noch nicht). Sarrazins Buch hat einer giftigen Debatte den Weg gebahnt, es hat das gesellschaftliche Klima verändert. Sarrazin hat soziale Abstiegsängste aktiviert und sie im Feindbild Muslime gebündelt und kanalisiert.

Gut zwei Monate vor dem Sarrazin-Buch war ein Buch erschienen, das vorab die Antwort auf Sarrazin gab. Es hatte nur 254 Seiten, war also um etliches dünner als Sarrazins Konvolut; es enthielt aber exakt die Informationen, die alle brauchten, die seither über Sarrazin redeten, schrieben und sendeten, diese Informationen aber kaum oder gar nicht zur Kenntnis nahmen. Es handelte sich um die Studie *Einwanderungsgesellschaft 2010. Jahresgutachten 2010 mit Integrationsbarometer.* Dieses Werk jammerte nicht, es jubelte nicht, es schaffte Deutschland nicht ab, es beschrieb das Land weder als Utopia noch als Havarie. Es nahm die Probleme der Integration Punkt für Punkt durch; es zählte auf, was funktioniert, und es benannte, was nicht funktioniert, und wie es vielleicht funktionieren könnte. Das Fazit des Werkes hätte die gefährliche Eigendynamik der Sarrazin-Debatte anhalten und den Rücksturz des Landes in die leicht entflammbaren Zeiten verhindern können. Dieses Fazit lautete: Die Integration ist besser als ihr Ruf; nach Jahrzehnten des Stillstands habe sich nämlich viel, sehr viel getan. Und dieses Fazit von 2010 wird nicht falsch durch die Probleme, die Deutschland mit der Aufnahme von Hundertausenden von Flüchtlingen im Jahr 2015 hatte und hat. Es kann aber falsch werden, wenn die Integrationswilligen und ihre Integrationshelfer nicht nur als »Gutmenschen« belächelt, sondern als Mitschuldige an vermeintlich desolaten Zuständen und der angeblichen Überfremdung angeprangert werden und den Mut verlieren.

Die Integration der Einwanderer in Deutschland war bis dato glücklicherweise ein Stück weiter als die Debatte darüber. Das ist nicht das Ergebnis einer Wünschdirwas-Tagung an einer der vielen gut und fleißig arbeitenden katholischen oder evangelischen Akademien, sondern, bei aller Kritik im Detail, die auf Empirie gestützte Erkenntnis von neun Wissenschaftlern verschiedener Disziplinen. Und es ist zugleich auch das Ergebnis der umfangreichen Befragungen, die sie gemacht hatten: Sie hatten mit 5 600 Personen (mit und ohne Migrationshintergrund) gesprochen und einen »verhaltenen Integrationsoptimismus« festgestellt. Das ist einigermaßen erstaunlich angesichts der Affekte, die in der Sarrazin-Debatte zutage traten. Wie passte die rasende Zustimmung zu Sarrazin zu diesem »Integrationsbarometer«? Es ist wohl so: Die detaillierte Befragung durch die Wissenschaftler hat an die Erfahrungen und das Urteilsvermögen appelliert, die Sarrazin-Debatte aber an das Vorurteilsvermögen.

Die populistischen Extremisten behaupten beharrlich, in der Diskussion über Zuwanderer würden Probleme systematisch verschwiegen und unter den Teppich gekehrt. Man kann es jedoch genau umgekehrt sehen: Wer in Deutschland von Integration redet, der redet selten von ihren Erfolgen, sondern von ihren Defiziten. Die Debatte darüber erweckt den Eindruck, als seien ihr die Fälle des Misslingens der Integration sehr viel willkommener als die des Gelingens. Der tatsächliche Stand der Integration vermag aber durchaus einen kleinen Stolz zu wecken – auf Integrations- und Sprachkurse, auf eine neue Elite und auf einen breiten Mittelstand mit Migrationshintergrund. Aber natürlich fällt es auf, dass sich in Deutschland, anders als in Großbritannien oder in Schweden, die Kompetenzen der Jugendlichen der zweiten Einwanderungsgeneration im Vergleich zu Jugendlichen ohne Migrationshintergrund verschlechtert haben. Eine Erklärung für den geringeren Schulerfolg von Migrantenkindern sind die Strukturen des deutschen Bildungssystems: Es setzt bei den Eltern eine aktive Rolle und viel Engagement für den schulischen Erfolg ihrer Kinder voraus. Da muss man ansetzen.

Das System der Schicksalskorrektur

Integration ist positive Diskriminierung, positive Diskriminierung bedeutet Förderung: Kinder im Berliner Problemquartier Neukölln-Nord müssen viel mehr gefördert werden als die im feinen Zehlendorf. Schulklassen im Münchner Hasenbergl müssen erheblich kleiner sein als die in Grünwald. Das sind die Schritte auf dem Weg der Integration: Problemschulen brauchen bessere Ausstattung als andere, und sie brauchen die besten Lehrer. Das kostet Geld. Ein beitragsfreier Kindergarten kostet Geld, Sprachförderung kostet Geld, Ganztagsschulen kosten Geld. Wenn »Du Christ« ein gängiges Schimpfwort geworden ist an den Schulen, dann müssen Lehrer auch Sozialarbeiter sein und Sozialarbeiter an die Seite gestellt bekommen in den Milieus, die gegen Integration wirken und in denen die Religion Abgrenzungsmerkmal ist. Integration heißt Schule, Schule und nochmals Schule.

Gewaltprävention heißt ebenfalls Schule. Wo außerhalb der Familie könnte man eher wahrnehmen, dass ein Jugendlicher anfängt, sich religiös zu radikalisieren? Dass er etwa sein Aussehen, seine Kleidung und seine Gewohnheiten ändert, dass er sich für den Salafismus interessiert und abscheuliche Taten ausbrütet? Die Mädchen und Jungen, die sich irgendwann vom IS benutzen lassen, sind nicht als Monster geboren. Sie haben irgendwann das Gefühl bekommen, gekränkt und ungerecht behandelt zu werden, und die Ich-Stärke, die ihnen fehlt, suchen sie bei den starken Kämpfern des IS, in der Stärke der Gruppe, in fantasierten oder, wenn es schlimm kommt, ausgeübten Gewalttaten. Wenn sich in diesem Gefühl der Leere und Sinnlosigkeit der Hass breitmacht, gerade also, wenn so ein Mensch auffällig wird und in der Gefahr ist, zum Gefährder zu werden, ist es wichtig, dass nicht noch die eine tragende Säule im Leben wegbricht: die Schule.

Die Schule ist nämlich der Ort, an dem die Welten aufeinandertreffen, mit verbaler und auch körperlicher Gewalt. Aber hier trifft auch das Heilende auf das Unheile, der pädagogische Sachverstand auf die jugendliche Orientierungslosigkeit. Die Verwandlung des deutschen Bildungssystems in ein System der Schicksalskorrektur und in ein System der Förderung spezieller Talente ist teuer. Abgehetzte, überforderte Lehrer werden eher dafür sein, ein »Problemkind« aus der Schule zu schicken, als sich ihm besonders zu widmen. Aber es ist noch viel teurer, dieses System der Förderung nicht zu errichten. Wer das Geld nicht fantasievoll in Integration investiert, wird es fantasielos in Hartz IV und in Gefängnisse investieren müssen.

Integration und Gewaltprävention müssen Daueraufgaben der Gesellschaft werden; sie müssten es schon längst sein. Stattdessen passiert oft erst dann etwas, wenn das Kind in den Brunnen gefallen und das Geschrei groß ist. Dann werden befristete Projekte erdacht und befristete Mittel ausgelobt, zum Beispiel aus dem Europäischen Sozialfonds (ESF). Im Gefolge setzen sich Heerscharen von Trägern sozialer Dienstleistungen auf dem Sozialmarkt daran, Projektskizzen für befristete, schlecht bezahlte Beschäftigungsverhältnisse zu formulieren, um etwas von den Projektmitteln abzubekommen. Integration ist aber nicht einfach die Addition von solchen Projekten, Integration hat nämlich kein Ende, an dem das Ziel erreicht ist. Sie braucht Verlässlichkeit und Kontinuität auf unabsehbare Zeit. Sie braucht auch erfahrenes, gut ausgebildetes und motiviertes Personal. Soziale Arbeit ist dann am effektivsten, wenn Probleme früh erkannt und darum schnell behoben werden, wenn also alles in guter Ordnung erscheint. Leider ist die Politik gerade dann meist nicht mehr bereit, sie zu finanzieren. Es heißt dann, es gebe keinen Bedarf mehr – bis das nächste Kind in den Brunnen fällt und das Geschrei groß ist und man ein Projekt erfinden muss.

Die Primitivierung des Abendlandes

Die Verrohung der politischen Auseinandersetzung in Deutschland begann mit den Pegida-Demonstrationen in Dresden. Bei diesen Demonstrationen zeigte sich zunehmend eine Rohheit, die man 2014, als der Pegida-Spuk begann, noch kaum für möglich gehalten hätte. Die Sprüche wurden gemeiner, die Parolen aggressiver, die Hetze gegen Flüchtlinge wurde manifest. Ein Galgen wurde mitgetragen, bestimmt für die Kanzlerin Angela Merkel und den Vizekanzler Sigmar Gabriel. Das war, das ist die Sprache der Gosse, das ist die Primitivierung des Abendlandes. Dresden-Besucher schauten bisweilen von der Semperoper aus peinlich berührt zu, wie bei Pegida-Umzügen vor den Fenstern gepöbelt wurde. Drinnen, auf der Bühne, sang die Königin der Nacht, draußen forderten die Sprechchöre »Abschiebung«. Auf dem Bühnenvorhang standen die Wörter »Vernunft« und »Weisheit«, draußen brach sich die Unvernunft Bahn. Auch die Polizei hat bei alldem zugeschaut, sie hat sich auch an dem Galgen nicht gestört – jedenfalls nicht so, dass sie eingegriffen hätte.

Bei der Feier der Deutschen Einheit des Jahres 2016 am 3. Oktober, dem Nationalfeiertag, konnte dann eine entsetzte Nation am Bildschirm mitbeobachten, wie weit die Dinge treiben. Ein dunkelhäutiger Mann, der zum Festgottesdienst ging, wurde mit Affenlauten begrüßt, die politischen Repräsentanten der Bundesrepublik mit »Hau ab« und zotenhaften Beleidigungen. Der Dresdner Politikwissenschaftler Hans Vorländer sprach von der »hässlichen Fratze der Politikverachtung«. Die Frau des sächsischen Wirtschaftsministers brach angesichts der aggressiven Flegeleien in Tränen aus.

Ja, es ist zum Heulen. Es ist zum Heulen, dass ein Polizist diesen Leuten am Ende einer Ordnungsdurchsage mitteilte: »Wir wünschen einen erfolgreichen Tag für Sie.« Das mag vielleicht nur ungelenk formuliert, das mag eine verbale Panne, eine Tölpelei gewesen sein. Aber solche Tölpelei ist fast so alltäglich geworden wie die Unverschämtheiten von Ganzrechtsaußen, die der Begleitchor sind zu den Angriffen gegen Flüchtlingsunterkünfte. Nein, Schmähungen gehören nicht zur Meinungsfreiheit. Ja, das Wort »Volksverräter« ist ein hetzendes und strafbares Wort. Nein, es stimmt nicht, dass gegen die Verrohung kein Kraut gewachsen ist. Ja, die Polizei kann die Personalien der Hetzer und der Beleidiger feststellen. Ja, die Staatsanwaltschaft kann Verfahren gegen sie einleiten. Die einschlägigen Paragrafen der strafrechtlichen Gebrauchsanweisung heißen: Beleidigung, üble

Nachrede, Verunglimpfung des Staats, Volksverhetzung. Es ist ungut, wenn die Polizei unterstellt, dass ja »eh nichts herauskommt«. Auch deshalb ist es zur Veralltäglichung der Unverschämtheiten gekommen, auch deshalb ist das Internet partiell eine braune Kloake geworden.

Wenn Volksverhetzung Volkssport wird, darf der Staat nicht einfach zuschauen. Es gibt zu wenig Widerstand gegen die neue Aggressivität. Man wäre schon dankbar, wenn es Lichterketten gäbe wie in den Jahren 1992/93: Damals protestierte eine Million Menschen gegen ausländerfeindliche Ausschreitungen und Brandanschläge: 400 000 Demonstranten waren es in München, 250 000 in Hamburg, 300 000 in Essen. Sie standen nebeneinander in der Reihe und hielten Kerzen in der Hand. Sonst nichts. Keine Parolen, keine Forderungen. Diese Lichterketten wurden deshalb auch ein wenig belächelt damals: zu wenig politisch, hieß es. Wie gesagt, eine Generation später wäre man sehr dankbar, wenn es solche Dimensionen des Protestes gäbe wie damals. Man wäre froh, wenn die Nachrichtenlage nicht nur von denen beherrscht würde, die Politiker bespucken und rassistische Parolen plärren. Gewiss: Es gab und gibt die Anti-Pegida-Demos; nicht nur in München zählten sie viel mehr Teilnehmer als die Pegida-Kundgebungen. Aber die Hoheit in der öffentlichen Debatte gewannen sie nicht.

Im öffentlichen Raum, dazu zählt heute auch das Internet, machten sich die Verhetzer breit und gerierten sich als »das Volk«. Pegidisten und Rechtsextremisten haben das Motto der DDR-Revolution gestohlen und treiben damit Schindluder. Der Hass einer kleinen Minderheit darf aber das Land nicht hässlich machen. Was kann man tun? Muss man die Leute, die so aggressiv sind, zwar nicht entschuldigen, aber zu verstehen versuchen? Vielleicht ist »verstehen« das falsche Wort. Es kann und soll aber darum gehen, die sozialen und gesellschaftlichen Ursachen für die Aggression zu analysieren. Der populistische Extremismus hat Erfolg in einer Welt, die den Menschen aggressiv entwurzelt, ihn seiner Bindungen beraubt. Man kann das, was zu tun ist, nicht allein auf nationaler Ebene anstoßen. Die Gebrauchsanweisung für den populistischen Extremismus muss in allen europäischen Sprachen verfasst werden, denn auch wenn er sich nationalistisch gibt und auch wenn die Populismen unterschiedlich geprägt sind, hat er keine rein nationale Herkunft. Sie sind darin vereint, dass sie Europa als Grund des Übels sehen, den Exit aus diesem Europa wollen. Und ganz unrecht haben sie nicht, denn die europäische Wirtschafts- und Krisenpolitik hat vielen das Leben in den vergangenen Jahren schwerer gemacht und ihr Vertrauen in Recht und Demokratie erschüttert. Die Menschen müssen erfahren, erleben und erspüren, dass Europa ihr Leben leichter, nicht schwerer macht. Sie müssen erfahren, erleben und erspüren, dass Europa nicht nur eine wirtschaftliche, sondern auch eine soziale Angelegenheit ist. Wenn es Europa gelingt, etwas gegen die Massen- und Jugendarbeitslosigkeit zu tun, beginnt die Neupopularisierung Europas. Die Bürger wollen nicht mehr Europa, sie wollen nicht weniger Europa, sie wollen ein besseres Europa. Sie wollen Politikerinnen und Politiker hören und sehen, die wirklich mit Leidenschaft und Überzeugung für ein solches Europa stehen. Die ganz große Gefahr für Europa ist nicht ein Angriff von außen, auch nicht die islamistische Gefahr und der IS-Terrorismus – die große Gefahr ist der Wahn von innen, der aus dem neuen Europa wieder das alte machen, es wieder zerstückeln und diese Stücke bewachen will.

Wir schaffen das. Entängstigt euch!

»Wir schaffen das.« Heute klingen diese berühmten 14 Buchstaben der Angela Merkel vom Herbst

2015 schon fast wie ein Märchen. Diese 14 Buchstaben sind gedreht, gewendet, geschüttelt, gelobt und gegeißelt worden. War das einfach ein Mutmach-Satz für Staat, Gesellschaft und Europa? War das eine Einladung an Flüchtlinge? Ein Versprechen, gar eine Verheißung? Der kleine Satz war eine Reaktion auf pöbelhafte Beleidigungen gegen die Kanzlerin im sächsischen Heidenau. Er war eine Reaktion auf das Entsetzen vom 27. August 2015, als auf der österreichischen Autobahn A4 bei Potzneusiedl ein Lastwagen voller Leichen entdeckt wurde. Er war eine Reaktion auf das Massensterben im Mittelmeer. Eineinhalb, zwei Jahre nach Merkels 14 Buchstaben ist die Gesellschaft zerrissen, sie ist partiell schwer verängstigt. Eine Politik der 15 Buchstaben wäre jetzt notwendig: »Entängstigt euch!« Das funktioniert nur auf der Basis einer Leitkultur, die auf den Werten des Grundgesetzes aufbaut. Und das funktioniert nur dann, wenn sich die Menschen beheimatet und geschützt fühlen. Dann haben sie Kraft, selbst Schutz zu geben. Jeder zehnte Deutsche engagiert sich ehrenamtlich, zumindest gelegentlich, für Flüchtlinge. Immer noch und trotz alledem. Das ist außergewöhnlich; das ist spektakulär. Das kommt im politischen Alltag viel zu kurz; der ist fixiert auf die populistischen Extremisten.

Das Gefühl von Überforderung ist gestiegen seit dem freundlichen Empfang für die Flüchtlinge im deutschen Sommer und im deutschen Herbst von 2015. Nach dem »Wir schaffen das« vermissten viele Helfer, dass an Konzepten gearbeitet würde, wie man es schafft, und fühlten sich alleingelassen. Stattdessen floss die politische Energie in das Gezänk um Obergrenzen und wahlkampftaktische Schachzüge. Terror, auch in Deutschland, hat dazu geführt, dass Gewissensbisse beim Anblick von Flüchtlingselend unterdrückt werden. Die Bilder von ertrunkenen, geschundenen, verletzten Flüchtlingen sind seltener geworden. Davor schieben sich die Bilder von jungen Flüchtlingen, die in Deutschland brutale Taten verübten, wie Hussein K., der in Freiburg eine Studentin vergewaltigte und tötete. Angesichts von Verbrechen wie diesem ist es so, dass der Raum kleiner wird, in dem Mitgefühl und Hilfsbereitschaft zum Zug kommen. Wenn Flüchtlinge öffentlich immer öfter der Kategorie potenzieller Verbrecher und Terroristen zugeordnet werden, wird aus dem Willen zur Hilfe Widerwille; die Verantwortung wird abgeschüttelt. Es zählt nicht mehr der Einzelfall, sondern die Generalprävention. Das ist ein Klima für Abschiebung und Desintegration.

Das Bewusstsein, moralisch gehandelt zu haben, als man im Sommer und im Herbst 2015 in

Deutschland die vielen Flüchtlinge aufgenommen hat, führte und führt bisweilen zur Erwartung, diese Flüchtlinge müssten moralisch integer sein. Wenn sie es nicht sind, wenn sie sogar Verbrechen begehen, kann die Enttäuschung darüber zu Aggression gegen die ganze Gruppe führen. Flüchtlinge sind aber keine besseren Menschen, sie sind Menschen, bei denen unter Hunderttausenden eine bestimmte Zahl ist, die straffällig wird. Sie haben ihre Schicksale, das macht sie aus; einige werden zu Straftätern.

Im Herbst 2015 hat ein Rechtsextremist die heutige Kölner Oberbürgermeisterin Henriette Reker schwer verletzt. Bei den Ermittlungen zeigte sich, dass der Täter als Kind beinah verhungert wäre – und seine jüngeren Geschwister mit Reis gefüttert und ihnen und sich das Leben gerettet hat. Das entschuldigt nichts, ist aber für Beurteilung und Urteil wichtig. Ist so einer die »Bestie«, zu der man Verbrecher oft machen will? Vielleicht macht man es deswegen, weil einen das eigene Ressentiment erschreckt und man ein Monster braucht, das die Aggression rechtfertigt. Wer die Flüchtlingsaufnahme »monströs« nennt, »die Flüchtlinge« so zum Monster macht und den Freiburger Täter zum Prototyp, muss sich mit den Schicksalen und der Not der Flüchtlinge nicht mehr befassen. Gibt es einen so großen Überdruss an den Einzelschicksalen, dass man sich nur noch pauschal mit Flüchtlingen befassen will – um sie dann auch pauschal abschieben zu können?

Die Art und Weise, wie das von einem jungen Flüchtling in Freiburg verübte Verbrechen öffentlich verhandelt wurde, zeigte an, welchen Wert und Gehalt Zivilität und Humanität nach langer wüster Flüchtlingsdebatte noch haben: Es gibt ungeheuer viel Hetze und Häme, es gibt auch ungeheuer viel Verunsicherung – nicht zuletzt bei den Qualitätsmedien. Unter dem populistischen Vorwurf, die Straftaten von Ausländern systematisch zu verschweigen, und angetrieben von Empörungsergüssen in den sozialen Medien, diskutierten sie nach der Festnahme des Täters in Freiburg bald mehr darüber, warum die *Tagesschau* dies nicht berichtet hatte, als über die Tat selbst. Diese Debatte sollte daran erinnern, dass eine bewährte Gebrauchsanweisung für die Berichterstattung existiert: der Pressekodex, an dem es in besonders empörungsgeladenen Zeiten nüchtern festzuhalten gilt. Es gibt trotz allgemeiner Verunsicherung aber auch noch immer sehr, sehr viel Bereitschaft zur Differenzierung und Hilfe. Bei den Wahlkämpfen geht es daher nicht nur darum, welche Partei am Ende die Nase wie weit vorn hat. Es geht um viel mehr, es geht darum, wie stabil das Fundament noch ist, auf dem diese Gesellschaft steht. Es gibt eine Pflicht zur Zuversicht. Auf das »Wir schaffen das« und nach dem »Entängstigt euch« ist jetzt eine nüchterne Antwort nötig. Sie heißt »Wir machen das«. Das ist zuversichtlicher Realismus. Die extremistischen Mauerbauer- und Stacheldraht-Politiker nämlich wiegen sich in der Illusion, sie könnten in einer Welt, in der 60 Millionen Menschen auf der Flucht sind, wie der biblische Josua Sonne und Mond stillstehen lassen. Die westlichen Gesellschaften werden sich aber darauf einstellen müssen, dass in einer Welt, in der Waren und Geld wie wild migrieren, auch die Menschen nicht bleiben werden, wo sie sind.

Die Bekämpfung des Wald- und Weltbrands

Der populistische Extremismus ist zwar kein Naturereignis wie ein Vulkanausbruch, aber derzeit grassiert er wie ein Wald- und Weltbrand. Waldbrände lassen sich einigermaßen leicht bekämpfen, solange sie noch nicht in die Wipfel gesprungen sind. Mit der Wahl von Donald Trump zum US-Präsidenten ist aber genau das passiert. Man kann so tun, als gäbe es die Gefahr nicht. Man kann die brennenden

Wipfel also zum bloßen Spektakel erklären, zu einer Art Feuerwerk, das eine vielleicht doch noch irgendwie erträglich werdende US-Regierungsarbeit zündend einleitet. Solche Betrachtung wäre ein Feuermanagement auf der Basis des Prinzips Hoffnung, einer Hoffnung wider den Augenschein. Indes: Einfach darauf zu vertrauen, dass es schon nicht so schlimm kommt oder dass das Feuer sich selbst verzehrt, ist keine sehr beruhigende Strategie. Die europäischen Gesellschaften müssen sich Besseres überlegen, um aggressive rechte Populismen zu stoppen, die sich bei ihnen verbreiten, nun neu befeuert auch aus den USA. Sie müssen diesen Populismen die Luft wegnehmen und Gegenfeuer legen. Man darf die Lügen und den Hass nicht weiterbrennen lassen, man muss sie zu löschen versuchen. Das ist im Internet so notwendig wie im brennenden Wald. Im Wald geht das mit Wasser und Sand, manchmal auch mit Schneisen, die geschlagen werden; man erstickt die Flammen, man entzieht ihnen den Sauerstoff. Im Internet muss die richtige Methode noch gefunden werden, vielleicht können die Verteidiger von Demokratie und Rechtsstaatlichkeit die Hass-Mails ersticken in Bergen von Protest-Mails gegen diesen Hass.

Die im Dezember 2016 gegründete Facebook-Gruppe »#ichbinhier« versucht das. Sie hat sich zum Ziel gesetzt, Menschen zu helfen, die von Schmähungen und Beleidigungen überrollt werden; sie will das Diskussionsklima auf Facebook verbessern und Hasskommentaren mit Fakten begegnen. Die Leute von »#ichbinhier« gehen in die Kommentarspalten im Internet, schreiben gegen den Hass an, sachlich und pointiert. Und sie liken konstruktive Texte, damit die in den Aufruflisten weiter nach oben rücken und so mehr Gewicht bekommen. Bei Waldbränden gibt es, wenn Schaufel und Feuerpatsche nicht mehr helfen und die Löschversuche noch scheitern, eine Methode, die auf Englisch »backburning« heißt. Im Netz heißt das Counter Speech. Es geht bei alledem um demokratische Mobilisierung.

Eine gute Politik müht sich, die Ängste der Menschen zu verkleinern, der Extremismus heißt die Ängste willkommen; er gießt Öl in ihre Glut. Bei der AfD steht das A für Angstmacherei. Eine Anti-Angst-Politik gehört in die Gebrauchsanweisung für den Umgang mit dem Populismus. Anti-Angst-Politik besteht allerdings nicht im Schönreden und im Wegreden von Problemen; sie besteht auch nicht im Lobpreis, dass es dem Land noch nie so gut gegangen sei wie heute. Die Kunst einer Anti-Angst-Politik besteht darin, zunächst anzuerkennen, dass die Bürger tatsächlich viele Gründe haben, mit Sorge in die Zukunft zu blicken. Das ist ja nicht per se schlecht. Angst kann, entgegen ihrem Ruf, sehr wohl ein guter Ratgeber sein: Angst hält wach, und sie hält zur Vorsicht an. Gefährlich wird die Angst erst dann, wenn sie nicht mehr weiß, worauf sie sich überhaupt richtet, wenn sie sich vergaloppiert und sich falsche Objekte sucht, wenn sie Maß und Grenze verliert und zu einer diffusen Existenzangst wird. Dann wird sie neurotisch. Populistische Extremisten sind Meister darin, die objektive Furcht der Menschen zu sammeln und in frei flottierende, neurotische Ängste zu verwandeln; sie nennen es »die Ängste der Menschen ernst nehmen«, aber das tun sie nicht wirklich. Sie machen vielmehr die Ängste ernsthaft gefährlich.

Angst treibt man nicht aus, indem man sie für dumm oder grundlos erklärt, sondern indem man sich den Gegenstand der Angst aus der Nähe anschaut. Michael Ende zeigt das in seiner berühmten märchenhaften Geschichte: Dort nähert sich Lukas der Lokomotivführer dem Riesen Tur Tur; als er vor ihm steht entdeckt er, dass der Riese ein magerer alter Herr mit Strohhut auf dem Kopf und dünner Stimme ist. Wenn sich die Einheimischen den Flüchtlingen nähern, entdecken sie, von ganz vereinzelten Ausnahmen abgesehen, dass es sich um ganz normale, freundliche Mitmenschen handelt. Es ist daher gut, viele Gelegenheiten zur Begegnung mit den Zugewanderten zu schaffen. Sich so dem Gegenstand der Angst zu nähern, ist das eine Gegenmittel gegen die Angst. Das andere Gegenmittel besteht darin, Lösungen für die Probleme zu finden, in denen die Auslöser für Zukunftsangst stecken. Die Frage, wie man die Flüchtlinge so unterbringt und so fördert, dass es möglichst friedlich zugeht, ist eine dieser Fragen, aber eben nur eine. Die Frage nach der Alterssicherung gehört ganz vorn dazu, die Frage nach der Regulierung des Finanzsystems und Schließung der Steueroasen auch; die Frage, wie man den Klimakollaps abwendet, gehört dazu, die Frage, wie der Friede mit Russland stabilisiert wird, auch.

Die Welt erlebt ein Entlarvungsabenteuer

Der populistische Extremismus lebt vornehmlich von Anti-Stimmungen: von einer Anti-Flüchtlings-Stimmung, einer Anti-Islam-Stimmung, von einer Stimmung, die sich pauschal über Fremdbestimmung und Bevormundung beklagt, von einer allgemeinen Gereiztheit und von jenen pauschalen Ängsten, die die populistischen Extremisten selbst schüren. Diese Stimmungen entspringen zum Teil einer irrealen Realität, sie sind nicht sehr haltbar. Ein Teil der Wähler, die jetzt in Deutschland AfD wählen oder gewählt haben, erwarten wenig von dieser Partei. Sie wollen in erster Linie, dass die anderen, die gewohnten Parteien und Politiker, eins auf den Deckel kriegen. Die Gereiztheit kann schnell ihren Reiz verlieren, wenn diese Strafaktion vorüber ist und dann nicht Propaganda, sondern ernsthafte Politik gemacht werden muss. Das ist eine Chance für die anderen Parteien, die von den populistischen Extremisten als System-Parteien geschmäht werden. Im Übrigen ist es so, dass der bürgerliche Teil der Wählerschaft populistisch-extremer Parteien Recht und Ordnung schätzen. Dieser Teil der Wählerschaft dürfte konsterniert darauf reagieren, wie die Regierung Trump in den USA Recht und Ordnung beiseite schiebt. Der extremistische Populist Trump in den USA wird ein tragendes Argument gegen den extremistischen Populismus in Europa werden. Die Welt erlebt ein Entlarvungsabenteuer. Aber: Auf die Selbstentlarvung allein darf man sich nicht verlassen. Das ist zu bequem und zu gefährlich. Aufklärung, Demokratie und Rechtsstaatlichkeit fallen einer liberalen Gesellschaft nicht einfach als Frucht der Selbstentlarvung ihrer Feinde in den Schoß.

Ermunterung und Ermutigung

Der alte Wahlkämpfersatz, dass man eine Position am Werbetisch in der Fußgängerzone in vier oder fünf Sätzen erklären können muss, ist eine populistische, aber keine schlechte, keine undemokratische Devise. Warum? Weil man mit dem Satz, dass nun einmal alles sehr komplex sei, schwerlich Wähler gewinnt; man gewinnt sie mit Leidenschaft. Man gewinnt sie mit neuen Erkenntnissen: dass, zum Beispiel, das Grundeinkommen für Kinder eine gute Idee sein könnte; dass soziale Arbeit nicht mit kurz befristeten Projektgeldern finanziert werden darf; dass die Privatisierung des öffentlichen Eigentums aufhören muss. Man gewinnt Wahlen damit, dass man die einfachen Wünsche vieler Menschen nicht für standortgefährdend erklärt: Da ist zum Beispiel der Wunsch, eine unbefristete Arbeitsstelle in einem ordentlichen Beruf zu haben, um eine Familie gründen zu können; eine bezahlbare Wohnung zu haben; genug Zeit und Geld für die Bedürfnisse der Kinder; einen guten Arzt in der Nähe, der einen nicht lange warten lässt; nicht in einem Viertel oder Dorf zu leben, das herunterkommt. Wenn einer das hat und, damit einhergehend, das Gefühl, angesehen zu sein, kann er Flüchtlinge auch eher als Nachbarn respektieren.

Das heißt: Es gilt, den Ausgrenzungs- und Verfeindungsstrategien der populistischen Extremisten massiver als bisher entgegenzutreten; es gilt, viel emotionaler als bisher für die Achtung der Anderen zu werben; und: Es gilt, den politischen Technokratensprech durch Worte und durch Taten zu ersetzen, die wärmen. Dann wird es gelingen, die populistisch-extremistische Front aufzubrechen – die Front, die Front gegen Liberalität und Toleranz macht, die Front macht gegen ein Europa der offenen Grenzen und das Heil wieder dort sucht, wo einst das europäische Unheil begonnen hat. Europa darf nicht zurückgeschoben werden in eine ungute Vergangenheit, in eine Viel- und Kleinstaaterei. Demokratie, Rechtsstaat und Sozialstaatlichkeit gedeihen heute nicht mehr allein in nationalen Eigentumswohnungen; jeder braucht auch den Anderen, und jeder braucht die Orte der Gemeinschaft. Das europäische Haus ist ein großes Haus mit vielen Türen, vielen Kulturen und vielen Arten von Menschen. Dieses Haus bewahrt die europäische Vielfalt und den Reichtum, der sich aus dieser Vielfalt ergibt. Dieses Haus ist die Heimat Europa und die Zukunft Europa. Die Haus- und Gemeinschaftsordnung dieses europäischen Hauses ist die Gebrauchsanweisung gegen den populistischen Extremismus.

Das demokratische, rechtsstaatliche und sozialstaatliche Europa ist keine Aufgabe, die man allein den Politikern überlassen darf. Also müssen sich die Gewerkschaften transnational neu erfinden. Also müssen die Wohlfahrtsverbände europäisch zusammenarbeiten. Und auch die Kirchen müssen sich darauf besinnen, dass sie Global Player sind. Und um all das anzutreiben: Die Generation Erasmus muss für Europa und seine Werte auf die Straße gehen, ins Internet, in die Büros und in die Wahllokale.

Die Generation Erasmus ist die Generation, die im vereinten Europa aufgewachsen ist, die im vereinten Europa gelernt und studiert hat. Diese junge Generation hat von europäischen Ausbildungsprogrammen profitiert. Sie wird daran leiden, wenn Europa wieder zerstückelt wird, sie wird daran leiden, wenn Europa wieder zurückfällt in seine nationalistische Vergangenheit.

Die junge Generation Europas ist schon jetzt zerstückelt: Da sind die, die bereits vor Jahren als »verlorene Generation« bezeichnet wurden, die jungen, gut ausgebildeten Leute, die ihre Heimatländer verlassen, weil sie nicht für ihre Arbeit bezahlt werden können, obwohl sie dort dringend gebraucht würden. Da sind jene, die es vor und während des Studiums genießen, ihre Freiheit auszuprobieren, die schon früh internationale Erfahrungen und Beziehungen sammeln und in vielen Sprachen bewandert sind. Sie fürchten, dass es mit dieser Freiheit bald vorbei sein wird. Beide Gruppen eint die Wut darüber, dass mit einem Zerfall Europas ihre erträumte Zukunft zerfällt. Diese Wut ist gut, aber sie wird ungut, wenn sie das Interesse an Politik lähmt und die jungen Menschen in ein Rattenrennen um das eigene Stück vom kleiner werdenden Stück Speck treibt.

Es ist auch ungut, wenn die Jungen diese Wut über die Verhinderung ihrer Zukunft auf die Alten als Sündenböcke ableiten, wie einige es nach der Brexit-Entscheidung taten. Die Älteren waren es, die für den Austritt gestimmt haben – aber die Jüngeren waren es, die gar nicht abgestimmt hatten. Die Konfliktlinie liegt, anders als es diejenigen suggerieren, die warnend auf die Demografie zeigen, nicht zwischen den Generationen. Die Konfliktlinie verläuft zwischen Zukunft und Perspektivlosigkeit. Die einen Alten vererben ihr Vermögen und ihre Zukunftsaussichten an ihre Kinder, die anderen Alten ihre Schulden und ihre Tristesse. Der Kampf um die gerechte Verteilung des gesellschaftlichen Reichtums, um Freiheit und soziale Sicherheit ist ein gemeinsamer Kampf von Jung und Alt, sonst ist er wertlos.

Welche Zukunft wollen wir? Das Wort Zukunft ist leider vom Frohwort zum Drohwort geworden; zu Unrecht, denn es gibt keine Zukunft, die einfach auf uns zukommt. Es gibt keine Zukunft, von der man sagen könnte, dass es sie einfach gibt. Es gibt nur eine Zukunft, die sich jeden Augenblick formt – je nachdem, welchen Weg ein Mensch, welchen Weg eine Gesellschaft wählt, welche Entscheidungen die Menschen treffen, welche Richtung die Gesellschaft einschlägt. Zukunft gibt es nicht festgefügt, sie entsteht in jedem Moment der Gegenwart, sie ist darum in jedem Moment veränderbar. Die Zukunft ist nicht geformt, sie wird geformt. Die populistischen Extremisten haben das verstanden. Sie sind, wo sie an der Macht sind, zugange mit Brechstange und Dampframme, um die Zukunft zu verformen: Sie entlassen Richter, sie stampfen Menschenrechte in den Boden. Sie sind nicht nur mit brachialem Werkzeug unterwegs, sondern auch mit spitzer Feder dabei: Ihre Schreiber erfinden eine moderne philosophische Einkleidung der alten völkischen und rassistischen Ideologie. Sie formen eine Zukunft, die Krieg, Spaltung und Brutalität heißt, eine Zukunft, die genau jene zuerst auf das Kreuz legen wird, die ihr Kreuz bei den extremen Parteien gemacht haben.

Die Frage ist nicht, welche Zukunft man hat oder erduldet, die Frage ist, welche Zukunft man haben will, und wie man darauf hinlebt und hinarbeitet. Die Frage ist nicht, was auf die Gesellschaft zukommt, sondern wohin sie gehen will. Dies ist der Appell an jeden Einzelnen, sich für eine Zukunft zu entscheiden, in der die Menschenrechte Recht bleiben; für eine Zukunft in sozialer Sicherheit, für eine Zukunft in friedlicher europäischer Nachbarschaft. Viele haben den Glauben verloren, vielen fehlt die Erfahrung, dass die Demokratie dazu nützt. Es gilt also, die praktische Nützlichkeit der rechtsstaatlichen Demokratie und ihrer Werte auch für diejenigen spürbar zu machen, die sich immer mehr unnütz fühlen. Das ist das demokratische Gegenfeuer gegen den populistischen Extremismus.